MANUAL PRÁTICO DE FÉRIAS E 13º SALÁRIO

Teoria

Modelos

Julgados sobre os temas

Muito mais...

Gleibe Pretti

MANUAL PRÁTICO DE FÉRIAS E 13º SALÁRIO

Teoria

Modelos

Julgados sobre os temas

Muito mais...

LTr®

LTr®

EDITORA LTDA.

Rua Jaguaribe, 571
CEP 01224-003
São Paulo, SP — Brasil
Fone (11) 2167-1101
www.ltr.com.br
Outubro, 2018

Produção Gráfica e Editoração Eletrônica: PIETRA DIAGRAMAÇÃO
Projeto de capa: FABIO GIGLIO
Impressão: BOK2

Versão impressa — LTr 6129.2 — ISBN 978-85-361-9873-6
Versão digital — LTr 9487.1 — ISBN 978-85-361-9895-8

Dados Internacionais de Catalogação na Publicação (CIP)
(Câmara Brasileira do Livro, SP, Brasil)

Pretti, Gleibe

Manual prático de férias e 13º salário/Gleibe Pretti. – São Paulo: LTr, 2018. – Coleção principais temas de contrato de trabalho)

Bibliografia.
ISBN 978-85-361-9873-6

1. Contratos de trabalho – Brasil 2. Décimo terceiro salário 3. Direito do trabalho – Brasil 4. Férias trabalhistas 5. Reforma constitucional – Brasil I. Título. II. Série.

18-21095 CDU-34:331.224.6(81)

Índice para catálogo sistemático:

1. Brasil: Férias e 13º salário: Questões teóricas e práticas: Direito do trabalho 34:331.224.6(81)

Maria Paula C. Riyuzo - Bibliotecária - CRB-8/7639

SUMÁRIO

APRESENTAÇÃO

Nessa obra vamos abordar as questões teóricas e práticas de dois temas de suma importância, sendo eles, o 13º salário e férias.

Busquei trazer o entendimento da doutrina e da lei, assim como os julgados recentes sobre o tema, inclusive com a análise da reforma trabalhista.

Muitas dúvidas surgem sobre esses dois temas, tanto para empregados como para empregadores, e essa obra faz parte da nossa coleção, PRINCIPAIS TEMAS DO CONTRATO DE TRABALHO, com vários temas importantes.

Prof. Me. Gleibe Pretti
professorgleibe@gmail.com

1

FÉRIAS

Breve histórico e base legal

As férias foi uma conquista do trabalhador. O primeiro registro histórico de férias foi em 1889 e, posteriormente, em 1890, quando instituiu-se férias aos operários da Estrada de Ferro Central do Brasil. Mais tarde, em 1925, os empregados de outras empresas e demais atividades foram contemplados com a extensão consagrada por Lei, porém, o período de gozo era de 15 dias e não computava o adicional de 1/3.

Constitucionalmente, as férias são registradas a partir do ano de 1934, mas foi em 1943 que as férias foram dimensionadas com mais propriedade e unificada às diversas leis até então vigentes, graças à Consolidação das Leis do Trabalho (CLT). O adicional especial de 1/3 foi determinado pela Constituição Federal de 1988, calculado sobre a base de cálculo das férias.

Abaixo, segue a base legal, conforme legislação trabalhista, alterada em 2017:

CAPÍTULO IV

DAS FÉRIAS ANUAIS

(Redação dada pelo Decreto-lei n. 1.535, de 13.4.1977)

SEÇÃO I

DO DIREITO A FÉRIAS E DA SUA DURAÇÃO

Art. 129 – Todo empregado terá direito anualmente ao gozo de um período de férias, sem prejuízo da remuneração. (Redação dada pelo Decreto-lei n. 1.535, de 13.4.1977)

Art. 130 – Após cada período de 12 (doze) meses de vigência do contrato de trabalho, o empregado terá direito a férias, na seguinte proporção: (Redação dada pelo Decreto-lei n. 1.535, de 13.4.1977)

I – 30 (trinta) dias corridos, quando não houver faltado ao serviço mais de 5 (cinco) vezes; (Incluído pelo Decreto-lei n. 1.535, de 13.4.1977)

II – 24 (vinte e quatro) dias corridos, quando houver tido de 6 (seis) a 14 (quatorze) faltas; (Incluído pelo Decreto-lei n. 1.535, de 13.4.1977)

III – 18 (dezoito) dias corridos, quando houver tido de 15 (quinze) a 23 (vinte e três) faltas; (Incluído pelo Decreto-lei n. 1.535, de 13.4.1977)

IV – 12 (doze) dias corridos, quando houver tido de 24 (vinte e quatro) a 32 (trinta e duas) faltas.(Incluído pelo Decreto-lei n. 1.535, de 13.4.1977)

§ 1º – É vedado descontar, do período de férias, as faltas do empregado ao serviço. (Incluído pelo Decreto-lei n. 1.535, de 13.4.1977)

§ 2º – O período das férias será computado, para todos os efeitos, como tempo de serviço. (Incluído pelo Decreto-lei n. 1.535, de 13.4.1977)

Art. 130-A – Na modalidade do regime de tempo parcial, após cada período de doze meses de vigência do contrato de trabalho, o empregado terá direito a férias, na seguinte proporção: (Incluído pela Medida Provisória n. 2.164-41, de 2001)

I – dezoito dias, para a duração do trabalho semanal superior a vinte e duas horas, até vinte e cinco horas; (Incluído pela Medida Provisória n. 2.164-41, de 2001)

II – dezesseis dias, para a duração do trabalho semanal superior a vinte horas, até vinte e duas horas; (Incluído pela Medida Provisória n. 2.164-41, de 2001)

III – quatorze dias, para a duração do trabalho semanal superior a quinze horas, até vinte horas; (Incluído pela Medida Provisória n. 2.164-41, de 2001)

IV – doze dias, para a duração do trabalho semanal superior a dez horas, até quinze horas; (Incluído pela Medida Provisória n. 2.164-41, de 2001)

V – dez dias, para a duração do trabalho semanal superior a cinco horas, até dez horas; (Incluído pela Medida Provisória n. 2.164-41, de 2001)

VI – oito dias, para a duração do trabalho semanal igual ou inferior a cinco horas. (Incluído pela Medida Provisória n. 2.164-41, de 2001)

Parágrafo único. O empregado contratado sob o regime de tempo parcial que tiver mais de sete faltas injustificadas ao longo do período aquisitivo terá o seu período de férias reduzido à metade. (Incluído pela Medida Provisória n. 2.164-41, de 2001)

Art. 131 – Não será considerada falta ao serviço, para os efeitos do artigo anterior, a ausência do empregado: (Redação dada pelo Decreto-lei n. 1.535, de 13.4.1977)

I – nos casos referidos no art. 473; (Incluído pelo Decreto-lei n. 1.535, de 13.4.1977)

II – durante o licenciamento compulsório da empregada por motivo de maternidade ou aborto, observados os requisitos para percepção do salário-maternidade custeado pela Previdência Social; (Redação dada pela Lei n. 8.921, de 25.7.1994)

III – por motivo de acidente do trabalho ou enfermidade atestada pelo Instituto Nacional do Seguro Social – INSS, excetuada a hipótese do inciso IV do art. 133; (Redação dada pela Lei n. 8.726, de 5.11.1993)

IV – justificada pela empresa, entendendo-se como tal a que não tiver determinado o desconto do correspondente salário; (Incluído pelo Decreto-lei n. 1.535, de 13.4.1977)

V – durante a suspensão preventiva para responder a inquérito administrativo ou de prisão preventiva, quando for impronunciado ou absolvido; e (Incluído pelo Decreto-lei n. 1.535, de 13.4.1977)

VI – nos dias em que não tenha havido serviço, salvo na hipótese do inciso III do art. 133. (Incluído pelo Decreto-lei n. 1.535, de 13.4.1977)

Art. 132 – O tempo de trabalho anterior à apresentação do empregado para serviço militar obrigatório será computado no período aquisitivo, desde que ele compareça ao estabelecimento dentro de 90 (noventa) dias da data em que se verificar a respectiva baixa. (Redação dada pelo Decreto-lei n. 1.535, de 13.4.1977)

Art. 133 – Não terá direito a férias o empregado que, no curso do período aquisitivo: (Redação dada pelo Decreto-lei n. 1.535, de 13.4.1977)

I – deixar o emprego e não for readmitido dentro de 60 (sessenta) dias subseqüentes à sua saída; (Incluído pelo Decreto-lei n. 1.535, de 13.4.1977)

II – permanecer em gozo de licença, com percepção de salários, por mais de 30 (trinta) dias; (Incluído pelo Decreto-lei n. 1.535, de 13.4.1977)

III – deixar de trabalhar, com percepção do salário, por mais de 30 (trinta) dias, em virtude de paralisação parcial ou total dos serviços da empresa; e (Incluído pelo Decreto-lei n. 1.535, de 13.4.1977)

IV – tiver percebido da Previdência Social prestações de acidente de trabalho ou de auxílio-doença por mais de 6 (seis) meses, embora descontínuos. (Incluído pelo Decreto-lei n. 1.535, de 13.4.1977)

§ 1º – A interrupção da prestação de serviços deverá ser anotada na Carteira de Trabalho e Previdência Social. (Incluído pelo Decreto-lei n. 1.535, de 13.4.1977)

§ 2º – Iniciar-se-á o decurso de novo período aquisitivo quando o empregado, após o implemento de qualquer das condições previstas neste artigo, retornar ao serviço. (Incluído pelo Decreto-lei n. 1.535, de 13.4.1977)

§ 3º – Para os fins previstos no inciso III deste artigo a empresa comunicará ao órgão local do Ministério do Trabalho, com antecedência mínima de 15 (quinze) dias, as datas de início e fim da paralisação total ou parcial dos serviços da empresa, e, em igual prazo, comunicará, nos mesmos termos, ao sindicato representativo da categoria profissional, bem como afixará aviso nos respectivos locais de trabalho. (Incluído pela Lei n. 9.016, de 30.3.1995)

§ 4º – (Vetado) (Incluído pela Lei n. 9.016, de 30.3.1995)

SEÇÃO II

DA CONCESSÃO E DA ÉPOCA DAS FÉRIAS

(Redação dada pelo Decreto-lei n. 1.535, de 13.4.1977)

Art. 134 – As férias serão concedidas por ato do empregador, em um só período, nos 12 (doze) meses subseqüentes à data em que o empregado tiver adquirido o direito.(Redação dada pelo Decreto-lei n. 1.535, de 13.4.1977)

§ 1º Desde que haja concordância do empregado, as férias poderão ser usufruídas em até três períodos, sendo que um deles não poderá ser inferior a quatorze dias corridos e os demais não poderão ser inferiores a cinco dias corridos, cada um.

§ 2º (Revogado).

§ 3º É vedado o início das férias no período de dois dias que antecede feriado ou dia de repouso semanal remunerado." (NR)

Art. 135 – A concessão das férias será participada, por escrito, ao empregado, com antecedência de, no mínimo, 30 (trinta) dias. Dessa participação o interessado dará recibo. (Redação dada pela Lei n. 7.414, de 9.12.1985)

§ 1º – O empregado não poderá entrar no gozo das férias sem que apresente ao empregador sua Carteira de Trabalho e Previdência Social, para que nela seja anotada a respectiva concessão. (Incluído pelo Decreto-lei n. 1.535, de 13.4.1977)

§ 2º – A concessão das férias será, igualmente, anotada no livro ou nas fichas de registro dos empregados. (Incluído pelo Decreto-lei n. 1.535, de 13.4.1977)

Art. 136 – A época da concessão das férias será a que melhor consulte os interesses do empregador. (Redação dada pelo Decreto-lei n. 1.535, de 13.4.1977)

§ 1º – Os membros de uma família, que trabalharem no mesmo estabelecimento ou empresa, terão direito a gozar férias no mesmo período, se assim o desejarem e se disto não resultar prejuízo para o serviço. (Redação dada pelo Decreto-lei n. 1.535, de 13.4.1977)

§ 2º – O empregado estudante, menor de 18 (dezoito) anos, terá direito a fazer coincidir suas férias com as férias escolares. (Redação dada pelo Decreto-lei n. 1.535, de 13.4.1977)

Art. 137 – Sempre que as férias forem concedidas após o prazo de que trata o art. 134, o empregador pagará em dobro a respectiva remuneração. (Redação dada pelo Decreto-lei n. 1.535, de 13.4.1977)

§ 1º – Vencido o mencionado prazo sem que o empregador tenha concedido *as* férias, o empregado poderá ajuizar reclamação pedindo a fixação, por sentença, da época de gozo das mesmas. (Incluído pelo Decreto-lei n. 1.535, de 13.4.1977)

§ 2º – A sentença cominará pena diária de 5% (cinco por cento) do salário mínimo da região, devida ao empregado até que seja cumprida. (Incluído pelo Decreto-lei n. 1.535, de 13.4.1977)

§ 3º – Cópia da decisão judicial transitada em julgado será remetida ao órgão local do Ministério do Trabalho, para fins de aplicação da multa de caráter administrativo. (Incluído pelo Decreto-lei n. 1.535, de 13.4.1977)

Art. 138 – Durante as férias, o empregado não poderá prestar serviços a outro empregador, salvo se estiver obrigado a fazê-lo em virtude de contrato de trabalho regularmente mantido com aquele. (Redação dada pelo Decreto-lei n. 1.535, de 13.4.1977)

SEÇÃO III

DAS FÉRIAS COLETIVAS

(Redação dada pelo Decreto-lei n. 1.535, de 13.4.1977)

Art. 139 – Poderão ser concedidas férias coletivas a todos os empregados de uma empresa ou de determinados estabelecimentos ou setores da empresa. (Redação dada pelo Decreto-lei n. 1.535, de 13.4.1977)

§ 1º – As férias poderão ser gozadas em 2 (dois) períodos anuais desde que nenhum deles seja inferior a 10 (dez) dias corridos. (Redação dada pelo Decreto-lei n. 1.535, de 13.4.1977)

§ 2º – Para os fins previstos neste artigo, o empregador comunicará ao órgão local do Ministério do Trabalho, com a antecedência mínima de 15 (quinze) dias, as datas de início e fim das férias, precisando quais os estabelecimentos ou setores abrangidos pela medida. (Redação dada pelo Decreto-lei n. 1.535, de 13.4.1977)

§ 3º – Em igual prazo, o empregador enviará cópia da aludida comunicação aos sindicatos representativos da respectiva categoria profissional, e providenciará a afixação de aviso nos locais de trabalho. (Incluído pelo Decreto-lei n. 1.535, de 13.4.1977)

Art. 140 – Os empregados contratados há menos de 12 (doze) meses gozarão, na oportunidade, férias proporcionais, iniciando-se, então, novo período aquisitivo. (Redação dada pelo Decreto-lei n. 1.535, de 13.4.1977)

Art. 141 – Quando o número de empregados contemplados com as férias coletivas for superior a 300 (trezentos), a empresa poderá promover, mediante carimbo, anotações de que trata o art. 135, § 1º. (Redação dada pelo Decreto-lei n. 1.535, de 13.4.1977)

§ 1º – O carimbo, cujo modelo será aprovado pelo Ministério do Trabalho, dispensará a referência ao período aquisitivo a que correspondem, para cada empregado, as férias concedidas. (Incluído pelo Decreto-lei n. 1.535, de 13.4.1977)

§ 2º – Adotado o procedimento indicado neste artigo, caberá à empresa fornecer ao empregado cópia visada do recibo correspondente à quitação mencionada no parágrafo único do art. 145. (Incluído pelo Decreto-lei n. 1.535, de 13.4.1977)

§ 3º – Quando da cessação do contrato de trabalho, o empregador anotará na Carteira de Trabalho e Previdência Social as datas dos períodos aquisitivos correspondentes às férias coletivas gozadas pelo empregado. (Incluído pelo Decreto-lei n. 1.535, de 13.4.1977)

SEÇÃO IV

DA REMUNERAÇÃO E DO ABONO DE FÉRIAS

(Redação dada pelo Decreto-lei n. 1.535, de 13.4.1977)

Art. 142 – O empregado perceberá, durante as férias, a remuneração que lhe for devida na data da sua concessão. (Redação dada pelo Decreto-lei n. 1.535, de 13.4.1977)

§ 1º – Quando o salário for pago por hora com jornadas variáveis, apurar-se-á a média do período aquisitivo, aplicando-se o valor do salário na data da concessão das férias. (Incluído pelo Decreto-lei n. 1.535, de 13.4.1977)

§ 2º – Quando o salário for pago por tarefa tomar-se-á por base a media da produção no período aquisitivo do direito a férias, aplicando-se o valor da remuneração da tarefa na data da concessão das férias. (Incluído pelo Decreto-lei n. 1.535, de 13.4.1977)

§ 3º – Quando o salário for pago por percentagem, comissão ou viagem, apurar-se-á a média percebida pelo empregado nos 12 (doze) meses que precederem à concessão das férias. (Incluído pelo Decreto-lei n. 1.535, de 13.4.1977)

§ 4º – A parte do salário paga em utilidades será computada de acordo com a anotação na Carteira de Trabalho e Previdência Social. (Incluído pelo Decreto-lei n. 1.535, de 13.4.1977)

§ 5º – Os adicionais por trabalho extraordinário, noturno, insalubre ou perigoso serão computados no salário que servirá de base ao cálculo da remuneração das férias. (Incluído pelo Decreto-lei n. 1.535, de 13.4.1977)

§ 6º – Se, no momento das férias, o empregado não estiver percebendo o mesmo adicional do período aquisitivo, ou quando o valor deste não tiver sido uniforme será computada a média duodecimal recebida naquele período, após a atualização das importâncias pagas, mediante incidência dos percentuais dos reajustamentos salariais supervenientes. (Incluído pelo Decreto-lei n. 1.535, de 13.4.1977)

Art. 143 – É facultado ao empregado converter 1/3 (um terço) do período de férias a que tiver direito em abono pecuniário, no valor da remuneração que lhe seria devida nos dias correspondentes. (Redação dada pelo Decreto-lei n. 1.535, de 13.4.1977)

§ 1º – O abono de férias deverá ser requerido até 15 (quinze) dias antes do término do período aquisitivo. (Incluído pelo Decreto-lei n. 1.535, de 13.4.1977)

§ 2º – Tratando-se de férias coletivas, a conversão a que se refere este artigo deverá ser objeto de acordo coletivo entre o empregador e o sindicato representativo da respectiva categoria profissional, independendo de requerimento individual a concessão do abono. (Incluído pelo Decreto-lei n. 1.535, de 13.4.1977)

§ 3º – O disposto neste artigo não se aplica aos empregados sob o regime de tempo parcial. (Incluído pela Medida Provisória n. 2.164-41, de 2001)

Art. 144 – O abono de férias de que trata o artigo anterior, bem como o concedido em virtude de cláusula do contrato de trabalho, do regulamento da empresa, de convenção ou acordo coletivo, desde que não excedente de vinte dias do salário, não integrarão a remuneração do empregado para os efeitos da legislação do trabalho. (Redação dada pela Lei n. 9.528, de 1998)

Art. 145 – O pagamento da remuneração das férias e, se for o caso, o do abono referido no art. 143 serão efetuados até 2 (dois) dias antes do início do respectivo período. (Redação dada pelo Decreto-lei n. 1.535, de 13.4.1977)

Parágrafo único – O empregado dará quitação do pagamento, com indicação do início e do termo das férias. (Incluído pelo Decreto-lei n. 1.535, de 13.4.1977)

SEÇÃO V

DOS EFEITOS DA CESSAÇÃO DO CONTRATO DE TRABALHO

(Redação dada pelo Decreto-lei n. 1.535, de 13.4.1977)

Art. 146 – Na cessação do contrato de trabalho, qualquer que seja a sua causa, será devida ao empregado a remuneração simples ou em dobro, conforme o caso, correspondente ao período de férias cujo direito tenha adquirido. (Redação dada pelo Decreto-lei n. 1.535, de 13.4.1977)

Parágrafo único – Na cessação do contrato de trabalho, após 12 (doze) meses de serviço, o empregado, desde que não haja sido demitido por justa causa, terá direito à remuneração relativa ao período incompleto de férias, de acordo com o art. 130, na proporção de 1/12 (um doze avos) por mês de serviço ou fração superior a 14 (quatorze) dias. (Redação dada pelo Decreto-lei n. 1.535, de 13.4.1977)

Art. 147 – O empregado que for despedido sem justa causa, ou cujo contrato de trabalho se extinguir em prazo predeterminado, antes de completar 12 (doze) meses de serviço, terá direito à remuneração relativa ao período incompleto de férias, de conformidade com o disposto no artigo anterior. (Redação dada pelo Decreto-lei n. 1.535, de 13.4.1977)

Art. 148 – A remuneração das férias, ainda quando devida após a cessação do contrato de trabalho, terá natureza salarial, para os efeitos do art. 449. (Redação dada pelo Decreto-lei n. 1.535, de 13.4.1977)

SEÇÃO VI

DO INÍCIO DA PRESCRIÇÃO

(Redação dada pelo Decreto-lei n. 1.535, de 13.4.1977)

Art. 149 – A prescrição do direito de reclamar a concessão das férias ou o pagamento da respectiva remuneração é contada do término do prazo mencionado no art. 134 ou, se for o caso, da cessação do contrato de trabalho. (Redação dada pelo Decreto-lei n. 1.535, de 13.4.1977)

SEÇÃO VII

DISPOSIÇÕES ESPECIAIS

(Incluída pelo Decreto-lei n. 1.535, de 13.4.1977)

Art. 150 – O tripulante que, por determinação do armador, for transferido para o serviço de outro, terá computado, para o efeito de gozo de férias, o tempo de serviço prestado ao primeiro, ficando obrigado a concedê-las o armador em cujo serviço ele se encontra na época de gozá-las. (Redação dada pelo Decreto-lei n. 1.535, de 13.4.1977)

§ 1º – As férias poderão ser concedidas, a pedido dos interessados e com aquiescência do armador, parceladamente, nos portos de escala de grande estadia do navio, aos tripulantes ali residentes. (Incluído pelo Decreto-lei n. 1.535, de 13.4.1977)

§ 2º – Será considerada grande estadia a permanência no porto por prazo excedente de 6 (seis) dias. (Incluído pelo Decreto-lei n. 1.535, de 13.4.1977)

§ 3º – Os embarcadiços, para gozarem férias nas condições deste artigo, deverão pedi-las, por escrito, ao armador, antes do início da viagem, no porto de registro ou armação. (Incluído pelo Decreto-lei n. 1.535, de 13.4.1977)

§ 4º – O tripulante, ao terminar as férias, apresentar-se-á ao armador, que deverá designá-lo para qualquer de suas embarcações ou o adir a algum dos seus serviços terrestres, respeitadas a condição pessoal e a remuneração. (Incluído pelo Decreto-lei n. 1.535, de 13.4.1977)

§ 5º – Em caso de necessidade, determinada pelo interesse público, e comprovada pela autoridade competente, poderá o armador ordenar a suspensão das férias já iniciadas ou a iniciar-se, ressalvado ao tripulante o direito ao respectivo gozo posteriormente. (Incluído pelo Decreto-lei n. 1.535, de 13.4.1977)

§ 6º – O Delegado do Trabalho Marítimo poderá autorizar a acumulação de 2 (dois) períodos de férias do marítimo, mediante requerimento justificado: (Incluído pelo Decreto-lei n. 1.535, de 13.4.1977)

I – do sindicato, quando se tratar de sindicalizado; e (Incluído pelo Decreto-lei n. 1.535, de 13.4.1977)

II – da empresa, quando o empregado não for sindicalizado. (Incluído pelo Decreto-lei n. 1.535, de 13.4.1977)

Art. 151 – Enquanto não se criar um tipo especial de caderneta profissional para os marítimos, as férias serão anotadas pela Capitania do Porto na caderneta-matrícula do tripulante, na página das observações. (Redação dada pelo Decreto-lei n. 1.535, de 13.4.1977)

Art. 152 – A remuneração do tripulante, no gozo de férias, será acrescida da importância correspondente à etapa que estiver vencendo. (Redação dada pelo Decreto-lei n. 1.535, de 13.4.1977)

SEÇÃO VIII

DAS PENALIDADES

(Incluída pelo Decreto-lei n. 1.535, de 13.4.1977)

Art. 153 – As infrações ao disposto neste Capítulo serão punidas com multas de valor igual a 160 BTN por empregado em situação irregular. (Redação dada pela Lei n. 7.855, de 24.10.1989)

Parágrafo único – Em caso de reincidência, embaraço ou resistência à fiscalização, emprego de artifício ou simulação com o objetivo de fraudar a lei, a multa será aplicada em dobro. (Redação dada pela Lei n. 7.855, de 24.10.1989)

Conceito

As férias é a interrupção das atividades laborais do empregado, sem a perda da remuneração mensal, e serve para que o funcionário recupere suas condições físicas e mentais despendidas no trabalho.

"Férias" designa o período de descanso a que têm direito empregados, servidores públicos, estudantes etc., depois de passado um ano ou um semestre de trabalho ou de atividades. Provém do latim 'feria, -ae', singular de 'feriae, -arum', que significava, entre os antigos romanos, o dia em que, por prescrição religiosa, não se trabalhava.

A palavra latina encontra-se também na denominação dos dias da semana do calendário elaborado pelo imperador romano Constantino, no século III d.C., que os santificou com o nome de 'feria' e o sentido de "comemoração religiosa": 'Prima feria, Secunda feria, Tertia feria, Quarta feria, Quinta feria, Sexta feria e Septima feria'. No século IV, ainda por influência da Igreja Católica, 'prima feria' foi substituído por 'Dominicus dies' (dia do Senhor) e 'septima feria' transformou-se em 'sabbatu', dia em que os primeiros judeus cristãos se reuniam para orar. A língua portuguesa foi a única a manter uma palavra derivada de 'feria' (no caso, "feira") para designar os nomes dos dias de semana.

Após 12 meses de trabalho, a Lei confere ao empregado uma folga no contrato de trabalho, quando então adquire o direito de paralisar suas atividades, sem prejuízo da remuneração (arts. 129 a 153 da CLT), e com o tempo de serviço contado para todos os fins legais (art. 471 da CLT).

O Estatuto Supremo garantiu o direito às férias anuais remuneradas ao empregado com acréscimo de 1/3 sobre a remuneração (art. 7º, XVII da CF).

Características

Os fundamentos jurídicos do instituto das férias são: anualidade, obrigatoriedade e irrenunciabilidade.

a) Anualidade: O empregado tem o direito a gozar férias anuais após 12 meses de relação contratual sem prejuízo de salário. A expressão "anuais", não se refere ao ano civil do calendário, mas sim ao contrato de trabalho. Isso quer dizer que cada empregado pode ter o seu próprio período de aquisição de férias, com seus respectivos prazos (art. 7º, XVII, da CF, e art. 129 da CLT).

b) Obrigatoriedade: Diz respeito ao empregador de conceder férias e ao direito do empregado de gozá-las em data determinada pelo superior hierárquico (art. 134 da CLT), sendo que o empregador tem a responsabilidade de efetuar o pagamento antecipado do salário correspondente ao período de férias, mais 1/3 constitucional (art. 145 da CLT), além do pagamento da primeira parcela do 13º, se for pertinente (art. 2º da Lei n. 4.749/1965) e de não permitir que o empregado trabalhe no período de férias (art. 138 da CLT). Durante as férias, o empregado não poderá prestar serviços a outro empregador, salvo se estiver obrigado a fazê-lo em virtude de contrato de trabalho regularmente mantido com aquele.

c) Irrenunciabilidade: Não pode o empregado renunciar as férias ou "vendê-las", mas sim gozar em descanso o período correspondente (art. 134 da CLT). O art. 143 da CLT, prevê que é facultado ao empregado converter 1/3 do período de férias a que tiver direito em abono pecuniário, no valor da remuneração que lhe seria devida. Apesar das férias ser um direito do empregado, este pode ser obrigado a gozá-las.

Período aquisitivo

Após 12 meses de trabalho vigente em contrato, corresponde ao período aquisitivo de férias ao qual o empregado terá direito a descansar por 30 dias corridos (arts. 130 a 130-A da CLT). Completando um ano de trabalho, novo período aquisitivo é iniciado, e assim sucessivamente durante a vigência do contrato de trabalho.

A Lei contempla a redução do período de 30 dias em caso de falta injustificada do empregado, durante o período aquisitivo, passando a ter a seguinte duração:

• 30 dias, para o empregado que teve até 5 faltas durante o período aquisitivo;

• 24 dias, para o empregado que faltou de 6 a 14 vezes durante o período aquisitivo;

• 18 dias, para o empregado que faltou de 15 a 23 vezes durante o período aquisitivo; e

• 12 dias, para o empregado que faltou de 24 a 32 vezes durante o período aquisitivo.

Perderá o direito às férias o empregado que faltar injustificadamente mais de 32 vezes durante o período aquisitivo das férias.

Período concessivo

As férias serão concedidas por ato do empregador, em data que atenda melhor seus interesses, em um só período, nos 12 meses subsequentes à data em que o empregado tiver adquirido o direito. O estudante menor de 18 anos tem o direito de poder coincidir suas férias com as férias escolares. Quando dois ou mais membros de uma mesma família fazem parte da equipe de uma mesma empresa, se assim o desejarem e desde que não haja prejuízo para o serviço, poderão requerer suas férias no mesmo período.

A concessão das férias a que tem direito o empregado, lhe será comunicada por escrito, com antecedência de no mínimo 30 dias (art. 135 da CLT). Para os menores de 18 anos e maiores de 50 anos, gozarão suas férias de uma única vez, e, aos demais empregados fora desta faixa etária, poderão gozar em até 2 períodos, desde que um deles não seja inferior a 10 dias corridos.

Férias concedidas após o período concessivo

Caso o empregador não conceda as férias no prazo legal – período concessivo – (art. 134 da CLT), as férias serão remuneradas em dobro acrescidas de 1/3 constitucional, isto é, o empregador pagará o dobro da remuneração, além do empregado manter o direito de gozá-las (art. 137 da CLT).

O empregado poderá ajuizar reclamação trabalhista compelindo o empregador a concedê-las. Os dias de férias gozados após o período legal de concessão deverão ser remunerados em dobro (Súmula n. 81 do TST). A indenização pelo não-deferimento das férias no tempo oportuno será calculada com base na remuneração devida ao empregado na época da reclamação ou, se for o caso, da extinção do contrato de trabalho (Súmula n. 7 do TST).

Jurisprudência:

RECURSO DE REVISTA. FÉRIAS VENCIDAS. AUSÊNCIA DE CONCESSÃO. PAGAMENTO. EFEITO. A teor do art. 137 da CLT, "sempre que as férias forem concedidas após o prazo de que trata o art. 134, o empregador pagará em dobro a respectiva remuneração". Evidenciando-se o escoamento do período concessivo, sem fruição, com o pagamento das férias e percepção dos salários do mês ou meses correspondentes, impõe-se a condenação do empregador a tornar a remunerá-las, de forma simples, de vez que o deferimento do dobro, no caso, importaria em quitação tripla, excedente do comando legal.

Recurso de revista conhecido e provido. (TST. Decisão 03.12.2003. 3ª Turma. Relator Juiz Convocado Alberto Luiz Bresciani Pereira. Data: 13.02.2004).

SÚMULA n. 331. LEGALIDADE. A Súmula n. 331 do TST baseia-se nos princípios da culpa "*in eligendo*" e "*in vigilando*". Inspira-se nas disposições do art. 159 do antigo Código Civil e apenas explicita, no âmbito trabalhista, a extensão de sua aplicabilidade. Não é inconstitucional a referida Súmula; ao contrário, sua aplicação torna efetivo o princípio constitucional inserto no art. 5º, inciso II, segundo o qual "ninguém será obrigado a fazer ou deixar de fazer alguma coisa senão em virtude de lei". (TRT 2ª Região. RO 01 – 00180-2004-401-02-00. 1ª Turma. Relator Wilson Fernandes. Data: 19.12.2006).

Férias no regime de tempo parcial

Na modalidade do regime de tempo parcial (art. 58-A da CLT) o empregado terá direito a férias, a cada período aquisitivo de 12 meses, nos mesmos moldes do empregado convencional.

Remuneração das férias

A remuneração das férias trata-se do valor normal de salário percebido pelo empregado ou àquela que tiver direito, de acordo com a sua jornada (se for pago por hora) ou produção média aferida durante o período aquisitivo (art. 142 da CLT). A parte do salário paga em utilidades será computada de acordo com a anotação na CTPS. Se a utilidade não for concedida, o salário *in natura* será convertido em dinheiro, e todos os adicionais serão aportados no salário, para efeito de cálculo de férias, tais como adicional de horas-extras, noturno, insalubre ou perigoso, conforme reza o art. 142, § 5º, da CLT.

A remuneração de férias devida na data da sua concessão ao empregado é assegurada pela Constituição Federal em seu art. 7º, inciso XVIII, além do pagamento de, pelo menos, um terço a mais do salário normal (1/3 constitucional).

Os efeitos da cessação do contrato de trabalho

Uma vez cessado o contrato de trabalho, as férias serão pagas dependendo do motivo e tempo da relação de emprego. Assim as férias podem ser divididas em:

a) Férias vencidas: quando já transcorridos o período aquisitivo de 12 meses, mas não foram gozadas e, dependendo do tempo, podem ser devidas de forma simples ou em dobro;

b) Férias proporcionais: quando não completou ainda o período aquisitivo (art. 146, parágrafo único, da CLT): "Na cessação do contrato de trabalho, após 12 (doze) meses de serviço, o empregado, desde que não haja sido demitido por justa causa, terá direito à remuneração relativa ao período incompleto de férias, de acordo com o art. 130 da CLT, na proporção de 1/12 (um doze avos) por mês de serviço ou fração superior a 14 (quatorze) dias".

Mesmo no caso em que o empregado pede sua demissão, terá direito às férias proporcionais do período aquisitivo incompleto, ainda que tenha laborado menos de um ano na empresa (Súmula n. 261 do TST).

O direito adquirido de férias não gozadas é assegurado ao empregado que solicitar sua demissão, aposentar ou for dispensado por justa causa (art. 146 da CLT), assim como as férias proporcionais (Súmula n. 261 do TST).

Conforme art. 12, alínea "c", da Lei n. 6.019, os temporários têm direito as férias proporcionais.

Perda do direito de gozar as férias e suspensão do direito.

Perde o direito as férias, o empregado que no decorrer do período aquisitivo (art. 133, CLT):

I – deixar o emprego e não for readmitido dentro de 60 (sessenta) dias subseqüentes à sua saída;

II – permanecer em gozo de licença, com percepção de salários, por mais de 30 (trinta) dias;

III – deixar de trabalhar, com percepção do salário, por mais de 30 (trinta) dias, em virtude de paralisação parcial ou total dos serviços da empresa; e

IV – tiver percebido da Previdência Social prestações de acidente de trabalho ou de auxílio-doença por mais de 6 (seis) meses, embora descontínuos.

O empregado, no implemento de uma ou mais condições acima citadas, ainda que antes de doze meses, terá que iniciar um novo período tão logo ocorra o retorno ao serviço, e não terá direito às férias nos interregnos em que ocorrerem qualquer uma ou mais dessas condições (art. 133, § 2º, CLT).

Prescrição das férias

A prescrição de férias começa quando encerra o prazo concessivo de férias ou da cessação do contrato de trabalho (art. 149 da CLT). No entanto, o empregado terá o prazo de 5 anos para reclamar judicialmente a concessão de suas férias, estando em vigor o contrato de trabalho, e 2 anos, a contar da cessação do contrato de trabalho, para propor a ação. Impetrada ação nesse prazo, o empregado pode reclamar direitos adquiridos dos últimos 5 anos, a partir do término do período concessivo correspondente.

Alude o art. 440 da CLT, que contra os menores de 18 anos não corre nenhum prazo prescricional, começando a correr a prescrição, portanto, somente quando o empregado completar 18 anos.

Jurisprudência:

SERVIDOR PÚBLICO. ARTIGO 129 DA CONSTITUIÇÃO ESTADUAL. Sexta-Parte. Preenchido o requisito objetivo para sua concessão (20 anos de efetivo serviço), afigura-se devido o benefício para todos os servidores públicos estaduais, independentemente do regime jurídico de admissão. (TRT 2ª Região. RO 00595-2006-071-02-00. 11ª Turma. Relatora Maria Aparecida Duenhas. Data: 06.03.2007).

PRESCRIÇÃO MENOR – HERDEIRO DO EMPREGADO FALECIDO – ART. 440 DA CLT. Não obstante o art. 440 da CLT disponha que contra os menores de 18 anos não corre prescrição, é certo que referido dispositivo legal está inserido no capítulo inerente à proteção ao trabalho do menor, não podendo, por isso, ser interpretado isoladamente. Assim, de se entender que aquele comando legal dirige-se ao empregado menor e não aos herdeiros menores do empregado falecido. Com efeito, quando a discussão se refere a direitos de menores herdeiros e não propriamente do empregado menor, compete ao inventariante, que o representa, exercer o direito do empregado falecido, observando-se o prazo prescricional. (TRT 3ª Região. RO 00115-2003-096-03-00-2. 4ª Turma. Relator Juiz Júlio Bernardo do Carmo. Data: 05.07.2003).

Abono pecuniário

Abono pecuniário é a conversão em dinheiro, da parcela de 1/3 (um terço) dos dias de férias a que o empregado tem direito. É uma opção do empregado, independente da concordância do empregador, desde que requerido no prazo estabelecido na legislação trabalhista.

O empregado que desejar converter 1/3 (um terço) de suas férias em abono pecuniário deverá requerê-lo ao empregador, por escrito, até 15 dias antes do término do período aquisitivo. O abono pecuniário deverá ser pago juntamente com a remuneração das férias em até 2 dias antes do início do período de fruição das férias.

É imperioso lembrar que o empregador deve pagar ao empregado, além da remuneração de férias, o adicional de 1/3 constitucional a mais sobre o salário normal (art. 7º, XVII, CF), o qual é devido em qualquer circunstância, seja nas férias simples, nas férias dobradas, nas férias gozadas, indenizadas e proporcionais.

Esta gratificação constitucional não se confunde com o abono de férias previsto no art. 143 da CLT, que é o direito que tem o empregado de converter 1/3 do período de férias em dinheiro (abono pecuniário).

A Lei não permite converter em dinheiro o período total de férias, senão apenas 1/3 deste período (art. 143 da CLT). Os empregados que trabalham sob tempo parcial, fogem da regra, e não poderão converter as férias em abono.

Jurisprudência:

DIFERENÇAS DE FÉRIAS. ABONO PECUNIÁRIO. Nos termos do art. 143 da CLT, é facultado ao empregado converter um terço do período de férias a que tiver direito em abono pecuniário, no valor da remuneração que lhe seria devida nos dias correspondentes. Na hipótese de o reclamante optar por converter 10 dias do seu período de férias em abono, ele tem direito de receber trinta dias de férias, com o acréscimo do terço constitucional (art. 7º XVII, da Constituição Federal), mais a remuneração correspondente a terça parte desse valor (equivalente a 10 de um total de 30 dias) a título de abono pecuniário. Não observado esse critério, persistem diferenças em favor do trabalhador. (TRT 3ª Região. RO 01528-2008-039-03-00-4. 7ª Turma. Relatora Alice Monteiro de Barros. Data: 19.05.2009).

Férias coletivas

As férias coletivas foram implantadas nas empresas como uma importante ferramenta de gestão, principalmente nas empresas que apresentam sazonalidades específicas no decorrer do ano, seja por conta das festas de final de ano, do verão, do inverno, da páscoa etc.

Ora a produção atinge seu nível máximo, necessitando até da contratação de empregados por tempo determinado, como fazem lojas e outros segmentos de grandes centros comerciais, ora registrando quedas acentuadas que mal atinge a manutenção do emprego efetivo.

É justamente nessas situações de queda que as empresas aplicam as férias coletivas, atingindo dois alvos ao mesmo tempo: manter o emprego de profissionais qualificados e cumprir com as determinações legais que é conceder férias anuais aos seus funcionários.

O empregador ao conceder férias coletivas, deve comunicar o órgão local do Ministério do Trabalho, com antecedência mínima de 15 dias, e, se existir, enviar cópia ao sindicato representativo da categoria profissional as datas de início e fim das férias, informando quais os estabelecimentos ou setores da empresa foram abrangidos pela medida.

Uma cópia da comunicação deverá ser afixada nos locais de trabalho que sairão em férias coletivas, para que todos os envolvidos no processo tomem conhecimento (arts. 139, 140 e 141 da CLT).

Os funcionários atingidos por esta medida que tiverem menos 12 meses de contrato, isto é, que não adquiriram ainda o direito, gozarão férias proporcionais, e o período aquisitivo de férias deverá ser alterado, iniciando o novo período na data do início das férias coletivas (art. 140 da CLT).

Em termos, o funcionário deixará de trabalhar pelo período de 30 dias, correspondente às férias coletivas, até porque a empresa ou setor atingido em que trabalha estará inativo, recebendo os dias proporcionais como férias mais o adicional de 1/3 constitucional, e os dias restantes a título de licença remunerada.

Imperativo ressaltar que as férias coletivas atingem a todos os funcionários da empresa ou de um setor. Se alguns empregados ou uma parte do setor sair e os outros permanecerem trabalhando, as férias coletivas serão consideradas inválidas. Assim também serão inválidas as férias gozadas em períodos inferiores a 10 dias ou se divididas em 3 ou mais períodos distintos (art. 139, § 1º, da CLT).

As férias coletivas poderão ser gozadas em dois períodos anuais, desde que nenhum deles seja inferior a 10 dias corridos. Vale colocar que a legislação estabelece que para os empregados menores de 18 anos e maiores de 50 anos de idade, as férias sejam concedidas sempre de uma única vez. Portanto, havendo empregados enquadrados nestas condições, as férias não poderão ser divididas, tendo eles o direito de gozo integral.

Jurisprudência:

FÉRIAS - CONCESSÃO - AVISO PRÉVIO - SEGURO DESEMPREGO FÉRIAS - Não há ilegalidade na sua concessão antes de completar o empregado um ano, quando vigora na empresa o sistema de férias coletivas. Aviso prévio - cessa a obrigação do empregador, quando quita a parcela abrangendo os dias em que em que havia dispensa de prestação de serviços. Seguro desemprego - constitui obrigação do empregador fornecer o formulário próprio, quando dispensa o empregado. - cumprida a jornada legal, não há que se falar em horas extraordinárias. - há equívoco, passível de reparo, quando a própria sentença aponta salário superior ao que consta na condenação (TRT 1ª Região. RO 00223. 7ª Turma. Relatora Juíza Débora Barreto Póvoa. Data: 18.08.1994).

RECURSO ORDINÁRIO EM MANDADO DE SEGURANÇA. AUTUAÇÃO DA EMPRESA POR FALTA DE COMUNICAÇÃO DAS FÉRIAS COLETIVAS AO MINISTÉRIO DO TRABALHO COM ANTECEDÊNCIA MÍNIMA DE 15 (QUINZE) DIAS. MULTA APLICADA COM FULCRO NO ARTIGO 139, PARÁGRAFO 2º DA CLT. AUSÊNCIA DE ILEGALIDADE A SER CORRIGIDA OU DE DIREITO LÍQUIDO E CERTO A SER AMPARADO PELA VIA DO "*MANDAMUS*". Não evidencia qualquer violação de lei, abuso de poder ou infringência de direito líquido e certo suscetíveis de reprimenda pela via mandamental, o ato praticado pela D. Autoridade impetrada que procede à lavratura de auto de infração em razão de descumprimento do artigo 139, parágrafo 2º, da Consolidação das Leis do Trabalho, que diz respeito à falta de comunicação ao órgão do Ministério do Trabalho, com 15 (quinze) dias de antecedência, quando da concessão de férias coletivas. Nem se alegue que a empresa recorrente tenha firmado Acordo Coletivo com o Sindicato profissional convencionando a desnecessidade de envio da comunicação das férias coletivas, uma vez que constou do instrumento normativo a dispensa da comunicação prévia apenas aos empregados e ao Sindicato e não ao órgão local do Ministério do Trabalho, mesmo porque nem sequer poderiam eles "flexibilizar" esse dispositivo, porquanto o parágrafo 2º, do artigo 139, da Consolidação das Leis do Trabalho, contém norma de ordem pública, que não pode ser derrogada pela vontade das partes, por tratar do dever-poder estatal de fiscalizar o cumprimento das normas trabalhistas. Recurso Ordinário em Mandado de Segurança a que se nega provimento (TRT 2ª Região. RO 12962-2005-000-02-00. Turma SDI. Relatora Vânia Paranhos. Data: 12.05.2006).

Férias do empregado doméstico

Os empregados domésticos garantem o direito a férias de 30 dias corridos com base no art. 3º da Lei n. 5.859, mais 1/3 constitucional da remuneração. No entanto, não têm o direito a férias proporcionais conforme reza o art. 3º da Lei n. 5.859 onde o direito a férias ocorre após cada 12 meses de trabalho, com base no que versa o artigo 2º do Decreto n. 71.885/1973 que não avança os limites da Lei para dizer que o capítulo correspondente a férias se aplica ao doméstico, vez que a Lei n. 5.859 é omissa sobre o tema. Também estabelece a alínea "a" do art. 7º da CLT que os dispositivos não se aplicam aos domésticos, nem a Constituição versa sobre o tema. O doméstico também não faz *jus* a férias em dobro, uma vez que esse tema não é observado no artigo 137 da CLT (art. 7º, alínea "a" da CLT).

A remuneração das férias, ainda quando devida após a cessação do contrato de trabalho, terá natureza salarial, para os efeitos do art. 449 da CLT (art. 148 da CLT).

Jurisprudência:

EMPREGADO DOMÉSTICO. FÉRIAS EM DOBRO. A Constituição de 1988, no parágrafo único de seu artigo 7º, assegurou aos empregados domésticos o direito às férias, previsto no inciso XVII do mesmo dispositivo para os trabalhadores urbanos e rurais em geral, sem qualquer restrição. No mesmo sentido e também sem qualquer ressalva, o Decreto n. 71.885/73, que regulamenta a lei do trabalho doméstico (Lei n. 5.859/72), estabelece expressamente em seu artigo 2º que é aplicável aos domésticos o Capítulo da CLT referente a férias. É, pois, devida à empregada doméstica a remuneração em dobro correspondente às férias que não houver usufruído dentro do período concessivo correspondente, a teor dos artigos 134 e 137 da CLT (TRT 3ª Região. RO 0066-2008-153-00-0. 5ª Turma. Relator José Roberto Freire Pimenta. Data: 22.11.2008).

EMPREGADO DOMÉSTICO. FÉRIAS NÃO GOZADAS E NÃO PAGAS. DOBRA DO ARTIGO 137 DA CLT. DEVIDA. O art. 2º do Decreto n. 71.885/73, que regulamentou a Lei dos Empregados Domésticos (Lei n. 5.859/72), já excepcionava o capítulo referente às férias, ao preconizar a inaplicabilidade das disposições da Consolidação das Leis do Trabalho aos referidos trabalhadores. Com o advento do preceito constitucional do parágrafo único do artigo 7º da CF e sua remissão ao inciso XVII, verificou-se a uniformização dos institutos das férias para os trabalhadores urbanos, rurais e domésticos, que passaram a ter tratamento igualitário infraconstitucional por determinação da própria "Lei Maior", e na forma regulamentada pela

CLT, por inferência lógica, daí a exigibilidade pelo doméstico das férias em dobro e acrescidas de 1/3 quando não concedidas e pagas a tempo e modo. (TRT 3ª Região. RO 01269-2006-014-03-00-3. 4ª Turma. Relator Fernando Luiz Gonçalves Rios Neto. Data: 18.08.2007).

EMPREGADO DOMÉSTICO. FÉRIAS NÃO GOZADAS E NÃO PAGAS. DOBRA DO ARTIGO 137 DA CLT. DEVIDA. O art. 2º do Decreto n. 71.885/73, que regulamentou a Lei dos Empregados Domésticos (Lei n. 5.859/72), já excepcionava o capítulo referente às férias, ao preconizar a inaplicabilidade das disposições da Consolidação das Leis do Trabalho aos referidos trabalhadores. Com o advento do preceito constitucional do parágrafo único do artigo 7º da CF e sua remissão ao inciso XVII, verificou-se a uniformização dos institutos das férias para os trabalhadores urbanos, rurais e domésticos, que passaram a ter tratamento igualitário infraconstitucional por determinação da própria "Lei Maior", e na forma regulamentada pela CLT, por inferência lógica, daí a exigibilidade pelo doméstico das férias em dobro e acrescidas de 1/3 quando não concedidas e pagas a tempo e modo. (TRT 2ª Região. RO 19990569226. 8ª Turma. Relator José Carlos da Silva Arouca. Data: 13.02.2001).

EMPREGADO DOMÉSTICO – FÉRIAS PROPORCIONAIS". A Lei n. 5859/72 e o Decreto Regulamentador n. 71.885/73 se reportam a CLT para deferir ferias aos empregados domésticos. Tendo a norma consolidada sido alterada pelo Decreto-lei n. 1.535/77, para elevar as ferias para 30 (trinta) dias, esse direito se estendeu também aos domésticos, inclusive com o 1/3 previsto no Inciso XVII do artigo sétimo, da Constituição Federal. Dispensada injustamente, foi frustrado o direito da reclamante de implementar seu direito a férias, fazendo *jus* as proporcionais, acrescidas do terço constitucional. (TRT 2ª região. RO 02940177745. 8ª turma. Relator Sérgio prado de melo. Data: 19.10.1995).

Com o advento da Lei n. 11.324/2006, arts. 4º e 5º, a categoria de empregados domésticos passou a ter direito a férias anuais de 30 dias mais 1/3 constitucional, após o período aquisitivo de férias de 12 meses de trabalho prestados à mesma pessoa ou família, mas só se aplica aos períodos aquisitivos iniciados após a data de publicação desta Lei, ou seja, 20.07.2006, conforme art. 3º da Lei n. 5.859/1972, *in verbi*: "Art. 3º O empregado doméstico terá direito a férias anuais remuneradas de 30 dias com, pelo menos, 1/3 (um terço) a mais que o salário normal, após cada período de 12 (doze) meses de trabalho, prestado à mesma pessoa ou família", (NR) (Redação da Lei n. 11.324 – 19.07.2006, arts. 4º e 5º).

Jurisprudência:

EMPREGADO DOMÉSTICO. FÉRIAS PROPORCIONAIS. FÉRIAS PROPORCIONAIS. DOMÉSTICO. A convenção n. 132 da OIT, ratificada pelo governo brasileiro e em vigor desde 23.09.99, em seu art. 4º autoriza o pagamento de férias proporcionais a todo o trabalhador, à exceção dos marítimos, em qualquer caso de cessação da relação empregatícia, o que alcança os domésticos (TRT 1ª Região. RO 01321-2001-058-01-00. 3ª Turma. Relator Desembargador Fernando Antônio Zorzenon da Silva. Data: 10.10.2005).

RECURSO ORDINÁRIO. PESSOA QUE PRESTA SERVIÇO DE ACOMPANHAMENTO À ENFERMO NO ÂMBITO FAMILIAR. EMPREGADO DOMÉSTICO. O art. 1º da Lei n. 5.859/1972 qualifica como empregado doméstico aquele que "presta serviços de natureza contínua e de finalidade não lucrativa à pessoa ou à família no âmbito residencial destas". Caracteriza-se como trabalhador doméstico aquele que presta serviço de apoio a pessoa enferma com jornada de trabalho fixa recebendo ordenas de quem o contratou (TRT 2ª Região. RO 00318-2005-007-02-00. 12ª Turma. Relator Marcelo Freire Gonçalves. Data: 10.11.2006).

EMPREGADO DOMÉSTICO – FÉRIAS. Antes do advento da Lei n. 11.324, de 19.7.06, que alterou o art. 3º da Lei n. 5.859/72 e ampliou para trinta dias a duração das férias do empregado doméstico, este fazia *jus* a vinte dias úteis de férias, somente, o que resultava, na prática, em 24 dias corridos. A alteração aplica-se somente aos períodos aquisitivos iniciados após a data da publicação da lei alteradora (ocorrida em 20.7.06). (TRT 3ª Região. RO 01376-2008-005-03-00-2. 2ª Turma. Relatora Maristela Iris da Silva Malheiros. Data: 17.04.2009).

Férias do professor

Ao professor é assegurado o pagamento de salários no período de férias escolares, mesmo quando despedido sem justa causa no término do ano letivo ou curso dessas férias (Súmula n. 10 do TST). Durante o período de férias, o empregador não poderá exigir de seus professores qualquer serviço que não seja o relacionado com a aplicação de exames.

Jurisprudência:

PROFESSOR – DISPENSA. O § 3º do art. 322 da CLT, na esteira do Enunciado n. 10 da SJTST, assegura ao professor dispensado ao término do ano letivo ou no curso das férias escolares o pagamento do período correspondente com o fito de impedir contratação anual, por período determinado, e coincidente com o ano letivo. Apelo a que se nega provimento. (TRT 1ª Região. RO 00748. 2ª Turma. Relatora Juíza Glória Regina Ferreira Mello. Data: 29.11.2000).

PROFESSOR – AVISO PRÉVIO – DISSÍDIO COLETIVO. O fato de o professor estar viajando no período de férias escolares, não desobriga o empregador de lhe pré--avisar na data prevista na norma coletiva. (TRT 1ª Região. RO 14018. 6ª Turma. Relator Juiz Manoel Affonso Mendes de Farias Mello. Data: 05.12.1994).

PROFESSOR – DISPENSA – FÉRIAS. A despedida injusta do professor no curso do 2º semestre do ano letivo, dá-lhe o direito ao recebimento do período de férias escolares conforme súmula n. 10 do Egrégio TST. Não consta. (TRT 1ª Região. RO 10032. 3ª Turma. Relator Juiz Luiz Carlos de Brito. Data: 31.08.1984).

RECURSO ORDINÁRIO. PROFESSOR. REPOUSO SEMANAL REMUNERADO. Art. 320, § 1º, da CLT. Súmula n. 351. A fórmula adotada para a remuneração do repouso semanal (cinco semanas) não completa 1/6, pelo título, pelo que são cabíveis as diferenças. (TRT 2ª Região. RO 02225-2005-054-02-00. 11ª Turma. Relator Carlos Francisco Berardo. Data: 20.03.2007).

Férias e a Convenção n. 132 da OIT

Fundada em 1919, com sede em Genebra, Suíça, a Organização Internacional do Trabalho (OIT) tem o objetivo de promover a justiça social. É a única das Agências do Sistema das Nações Unidas que tem estrutura tripartite, na qual os representantes dos empregadores e dos trabalhadores têm os mesmos direitos que os do governo.

Os fundamentos da OIT mergulham no princípio de que a paz universal e permanente só se baseiam na justiça social, e atua como estrutura internacional que torna possível abordar estas questões e buscar soluções que permitam a melhoria das condições do trabalho no mundo.

Pelo Brasil, a ratificação da Convenção n. 132 da OIT alterou a legislação celetista a respeito das férias para alguns doutrinadores, e a partir da promulgação do Decreto Presidencial 3.197/1999, sofreram algumas mudanças:

a) Os dias determinados como feriados oficiais ou costumeiros, quer se situem ou não dentro do período de férias anuais, não serão computados como parte do período mínimo de férias anuais remuneradas;

b) O empregador determinará a época da concessão de férias, levando-se em conta a necessidade do trabalho e as possibilidades quanto à diversão ou repouso dos empregados, depois de indagar ao empregado interessado ou ao seu sindicato;

c) As férias podem ocorrer em dois períodos ou fração, um dos quais não poderá ser inferior a 14 dias;

d) Revoga a conversão de 1/3 do período de férias a que tiver direito, em abono pecuniário;

e) O empregado terá direito a receber a relativa remuneração pelo período incompleto de férias quando da rescisão do seu contrato de trabalho, proporcional ao tempo trabalhado, isto é, 1/12 por mês de serviço ou fração superior a 14 dias acrescido do valor de 1/3 a mais sobre o salário normal, salvo não ser dispensado por justa causa antes de ter completo 6 meses de trabalho.

Decisões que não tem base legal expressa

O Magistrado do Trabalho da Vara de Bom Jesus, Carlos Wagner Araújo Nery da Cruz, concedeu liminar determinando a redução da jornada de trabalho de uma funcionária da Cepisa (Eletrobrás Piauí) lotada em Bom Jesus, para acompanhamento do filho que tem autismo, no processo n. 0233-05.2015.5.22.0108.

A reclamante ingressou com ação na Vara do Trabalho alegando que o filho necessita de acompanhamento especial, uma vez que depende de suporte multiprofissional (psicologia, fonoaudiologia, terapia ocupacional, psicopedagogia), estímulo de linguagem, dentre outras terapias, e que, por isso, necessitava de um acompanhamento mais próximo.

A defesa da Cepisa alegou, nos autos, que a padrão da jornada de trabalho é 220 horas mensais, que não há previsão legal para redução da jornada, e que, mesmo que houvesse, seria necessário a compensação de horário.

No caso concreto, o juiz do Trabalho Carlos Wagner, explicou que, mesmo não havendo previsão legal expressa na ordem infraconstitucional para a concessão do pedido inicial, "a questão assenta-se numa perspectiva do direito internacional, da interpretação conforme a Constituição, bem como da efetividade de direitos humanos resguardados às pessoas com deficiência".

Nesse aspecto, ressaltou que a síndrome de autismo está contemplada na Convenção Internacional sobre Direitos da Pessoa com Deficiência, promulgada pela República Federativa do Brasil através do Decreto n. 6.949 de agosto de 2009.

O Magistrado citou da Convenção que reconhece a família como núcleo natural e fundamental da sociedade e que as pessoas com deficiência e seus familiares devem receber atenção e apoio necessários para contribuir com o exercício pleno e equitativo dos direitos da pessoa com deficiência.

"Portanto, mais que o interesse da Administração Pública em não reduzir a jornada de trabalho do empregado público, por conta do princípio da legalidade no viés restrito, mais do que o interesse da empregada pública em acompanhar o tratamento de seu filho, encontra-se o interesse da criança com transtorno do aspectro autista, que deve gozar de mais dedicação e atenção de sua genitora no acompanhamento de seu tratamento e de suas terapias", destacou o magistrado, concedendo a liminar que determina a redução da jornada para 30 horas semanais, não excedendo 6 horas diárias, sem necessidade de compensação e com a manutenção da remuneração e demais vantagens.

As férias com a reforma trabalhista

Com as novas regras da reforma trabalhista de 2017, poderão ser fracionadas as férias em até 3 períodos, sendo que um desses períodos não pode ser inferior a 14 dias, e os demais períodos não podem ser menores do que 5 dias.

Segue, abaixo, o texto da lei:

Art. 134. ....

§ 1º Desde que haja concordância do empregado, as férias poderão ser usufruídas em até três períodos, sendo que um deles não poderá ser inferior a quatorze dias corridos e os demais não poderão ser inferiores a cinco dias corridos, cada um.

§ 2º (Revogado).

§ 3º É vedado o início das férias no período de dois dias que antecede feriado ou dia de repouso semanal remunerado. (NR)

Férias pelo mundo

País	Duração
Alemanha	24 dias úteis, geralmente 30 (6 semanas de férias) e usufruídos no mesmo ano (uma média de 2,5 dias por mês trabalhado, que podem ser desfrutados imediatamente).
Arábia Saudita	15 dias.
Argentina	14 dias (se trabalhados mais de 6 meses) ou um dia para cada mês trabalhado (por períodos de menos de seis meses no ano). Aumentam os dias de férias ao ano conforme à antiguidade num emprego: Mais de 5 anos de antiguidade correspondem a 21 dias consecutivos. Mais de 10 anos de antiguidade correspondem a 28 dias seguidos. Mais de 20 anos de antiguidade correspondem a 35 dias de calendário. A antiguidade só se conta em relação ao atual empregador, por isso, mudando de empresa, inicia-se a contagem em 14 dias de férias para o primeiro ano conforme as regras acima. Para não deixar dúvidas sobre a antiguidade, esta é levada à data de 31.12. **** feriados dos anos correspondentes.

Austrália	Não são obrigatórias, mas 4 semanas é o habitual.
Áustria	5 semanas. Para empregados antigos: 6 semanas.
Bahamas	2 semanas depois de um ano de trabalho.3 semanas depois de cinco anos de trabalho.
Bélgica	20 dias, pagamento preferencial.
Bolívia	15 dias.
Brasil	30 dias corridos (aprox. 22 dias úteis), acumulados em um ano para ser usufruídos no seguinte.
Bulgária	20 dias úteis.
Canadá	2 semanas, determinadas pelo governo local.
Chile	15 dias contados de segunda até sexta-feira (ou seja, três semanas, mesmo se o horário de trabalho é de segunda a sábado). Adiciona-se um dia útil para cada 3 anos após o cumprimento de 10 anos de serviço com o atual empregador e empregadores anteriores.
China	*Não são obrigatórias.*
Colômbia	15 dias úteis acordados com o empregador, remunerados integralmente.
Coreia do Sul	10 dias úteis.
Costa Rica	Férias de duas semanas para cada 50 semanas trabalhadas continuamente, deliberadas em conjunto pelo empregador e pelo empregado no contrato de trabalho, conforme o Código do Trabalho de Costa Rica.
Cuba	24 dias úteis (exceto feriados).
Equador	15 em geral, mas depende da empresa onde se trabalha.
El Salvador	15 dias de calendário (exceto feriados).
Espanha	30 dias corridos, usufruídos no mesmo ano em que são acumulados. Em algumas convenções define-se em número de dias úteis: 22 dias úteis (exceto feriados).
Estados Unidos	*Não são obrigatórias*, mas geralmente são de 10 dias úteis.
França	5 semanas (25 dias úteis).
Guatemala	15 dias úteis (exceto feriados).
Holanda	24 dias úteis.

Honduras	10 dias úteis de férias após o primeiro ano de trabalho contínuo. 12 dias úteis de férias após o segundo ano de trabalho contínuo.15 dias úteis de férias após o terceiro ano de trabalho contínuo. 20 dias úteis de férias após o quarto ano de trabalho contínuo. Isto se refere a um trabalhador da iniciativa privada (art. 346, Código do Trabalho) que trabalha na mesma empresa. Quando se muda de emprego, reinicia-se com 10 dias úteis de férias.
Hong Kong	7 dias.
Hungria	20 dias úteis e a cada três anos ganha-se o direito de um dia a mais. Quem trabalha nos finais de semana ou é chefe possui mais dias de férias.
Israel	14 dias.
Japão	Incluindo licença médica, são 10 dias de férias pagas. Oficialmente, 5 semanas, em resposta ao problema da *karoshi* (morte por excesso de trabalho).
México	6 dias úteis no primeiro ano de serviço, aumentando dois dias a cada ano até 12 dias úteis (quarto ano trabalhado). A partir de então, aumentam 2 dias úteis a cada cinco anos, ou seja, do quinto ao nono ano são 14 dias, no décimo aumentam para 16 dias décimo, no décimo quinto para 18, no vigésimo a 20 etc. A antiguidade só se conta em relação ao empregador atual, por isso, mudando de empresa, começam novamente em seis dias de férias para o primeiro ano, conforme as regras acima.
Noruega	4 semanas e um dia (25 dias úteis).
Panamá	30 dias. Trabalhando menos de um ano, as férias são proporcionais: um dia de folga para cada 11 trabalhados.
Peru	30 dias de férias por ano de trabalho.
Porto Rico	15 dias.
Portugal	22 dias úteis.
Reino Unido	20 dias úteis mais 8 dias, conforme tipo de trabalho.
República Checa	4 semanas.
Rússia	4 semanas.
Singapura	7 dias.
África do Sul	21 dias.

Suécia	5 semanas.
Suíça	4 semanas.
Taiwan	7 dias.
Turquia	2 semanas – 3 por ter cinco anos ou mais de antiguidade.
Tunísia	30 dias úteis.
Ucrânia	24 dias.
União Europeia	4 semanas – mais em alguns lugares.
Venezuela	15 dias úteis no primeiro ano + um dia útil adicional para cada ano de trabalho na empresa, até um máximo de 30 dias. Trocando de emprego, começam novamente em 15 dias.
Uruguai	20 dias. A cada quatro anos de antiguidade, adiciona-se um dia de férias. Trocando de emprego, o número de dias de férias reinicia-se em 20.
Nicarágua	15 dias a cada seis meses.

Julgados sobre férias

STF – AG.REG. NO RECURSO EXTRAORDINÁRIO COM AGRAVO ARE 834662 DF (STF)

Data de publicação: 18.12.2014

Ementa: AGRAVO REGIMENTAL EM RECURSO EXTRAORDINÁRIO COM AGRAVO. DIREITO DO TRABALHO. PAGAMENTO DE FÉRIAS EM DOBRO. CONTROVÉRSIA QUE DEMANDA ANÁLISE DE MATÉRIA INFRACONSTITUCIONAL E REAPRECIAÇÃO DOS FATOS E DO MATERIAL PROBATÓRIO CONSTANTE NOS AUTOS. SÚMULA N. 279/STF. ALEGAÇÃO DE OFENSA AO PRINCÍPIO DA LEGALIDADE. NÃO OCORRÊNCIA. Os temas constitucionais do apelo extremo não foi objeto de análise prévia e conclusiva pelo Tribunal de origem. Incidência das Súmulas ns. 282 e 356/STF. Para chegar a conclusão diversa do acórdão recorrido, necessária seria a análise da legislação infraconstitucional pertinente e uma nova apreciação dos fatos e do material probatório constante dos autos (Súmula n. 279/STF), o que torna inviável o processamento do recurso extraordinário. Em se tratando especificamente de suposta ofensa ao princípio da legalidade, o que se pode discutir nesta sede, em linha de princípio, é o eventual descumprimento da própria reserva legal, ou seja, da exigência de que determinada matéria seja disciplinada por lei, e não por ato secundário. Não é disso que se trata nos autos. Agravo regimental a que se nega provimento.

TRT-1 – Recurso Ordinário RO 11524920115010033 RJ (TRT-1)

Data de publicação: 19.02.2013

Ementa: RECURSO ORDINÁRIO DO RECLAMANTE. PAGAMENTO DE FÉRIAS EM DOBRO. Comprovado o pagamento das férias nos moldes do artigo 145 da

CLT, não faz *jus* o autor ao pagamento da parcela em dobro. Recurso Ordinário do Reclamante conhecido e não provido.

TRT-1 – Recurso Ordinário RO 6186220115010015 RJ (TRT-1)

Data de publicação: 05.09.2012

Ementa: RECURSO ORDINÁRIO. PAGAMENTO DE FÉRIAS EM DOBRO. Como a lesão ao direito só ocorre após o término do período concessivo e, quando da dispensa do empregado ainda não havia terminado o referido período, o pagamento deve ser feito de forma simples e não em dobro, acrescido do terço constitucional.

TRT-5 – Recurso Ordinário RecOrd 00000960220115050281 BA 0000096-02.2011.5.05.0281 (TRT-5)

Data de publicação: 18.05.2012

Ementa: PAGAMENTO DE FÉRIAS EM DOBRO – deferido o pagamento e confirmada a decisão quando inexistente nos autos prova da quitação e da concessão do descanso.

TRT-4 – Agravo De Petição AP 00003932320145040801 RS 0000393-23.2014.5.04.0801 (TRT-4)

Data de publicação: 02.09.2014

Ementa: AGRAVO DE PETIÇÃO. PAGAMENTO DAS FÉRIAS EM DOBRO. NÃO OBSERVÂNCIA DO ARTIGO 145 DA CLT. CONTRIBUIÇÕES PREVIDENCIÁRIAS. Tratando-se de parcela de cunho indenizatório, não incidem contribuições previdenciárias sobre a dobra das férias, acrescidas de 1/3, decorrentes da não observância do disposto no artigo 145 da CLT. Agravo de petição interposto pelo executado Município de Uruguaiana a que se dá provimento.

Encontrado em: da conta de liquidação as contribuições previdenciárias incidentes sobre a dobra das férias. 1ª Vara

TRT-15 – Recurso Ordinário RO 9357120125150068 SP 091965/2013-PATR (TRT-15)

Data de publicação: 18.10.2013

Ementa: DESRESPEITO AO PRAZO PREVISTO NO ART. 145 DA CLT . PAGAMENTO DAS FÉRIAS EM DOBRO. A não observância do prazo previsto no Artigo 145 da CLT, para pagamento das férias, implica no seu pagamento em dobro, incluído o terço constitucional. Entendimento consolidado na OJ n. 386 da SDI-1 do C. TST. Recurso do Reclamado não provido.

TRT-15 – Reexame Necessário / Recurso Ordinário REEX 8274220125150068 SP 054304/2013-PATR (TRT-15)

Data de publicação: 28.06.2013

Ementa: DESRESPEITO AO PRAZO PREVISTO NO ART. 145 DA CLT . PAGAMENTO DAS FÉRIAS EM DOBRO. A não observância do prazo previsto no Artigo 145 da CLT, para pagamento das férias, implica no seu pagamento em dobro, incluído o terço constitucional. Entendimento consolidado na OJ n. 386 da SDI-1 do C. TST. Recurso do Reclamado não provido.

TRT-15 – Recurso Ordinário RO 3778820125150104 SP 093109/2012-PATR (TRT-15)

Data de publicação: 23.11.2012

Ementa: DESRESPEITO AO PRAZO PREVISTO NO ART. 145 DA CLT . PAGAMENTO DAS FÉRIAS EM DOBRO. A não observância do prazo previsto no Art. 145 da CLT para pagamento das férias, implica no seu pagamento em dobro, incluído o terço constitucional. Entendimento consolidado na OJ n. 386 da SDI-1 do C. TST. Recurso parcialmente provido.

TRT-15 – Recurso Ordinário RO 25446 SP 025446/2012 (TRT-15)

Data de publicação: 13.04.2012

Ementa: DESRESPEITO AO PRAZO PREVISTO NO ART. 145 DA CLT . PAGAMENTO DAS FÉRIAS EM DOBRO. A não observância do prazo previsto no Art. 145 da CLT para pagamento das férias, implica no seu pagamento em dobro, incluído o terço constitucional. Entendimento consolidado na OJ n. 386 da SDI-1 do C. TST. Recurso parcialmente provido.

TJ-MG – Apelação Cível AC 10685130013624001 MG (TJ-MG)

Data de publicação: 26.05.2015

Ementa: REEXAME NECESSÁRIO // APELAÇÃO CÍVEL – AÇÃO ORDINÁRIA – DIREITO ADMINISTRATIVO – SERVIDOR PÚBLICO DO MUNICÍPIO DE TEIXEIRAS – CONTRATO TEMPORÁRIO PARA ATENDER À NECESSIDADE DE EXCEPCIONAL INTERESSE PÚBLICO – PAGAMENTO DOS DIREITOS SOCIAIS ASSEGURADOS AOS SERVIDORES PÚBLICOS EM GERAL – FÉRIAS E RESPECTIVO TERÇO CONSTITUCIONAL DEVIDOS – AUSÊNCIA DE PREVISÃO ESTATUTÁRIA PARA PAGAMENTO DE FÉRIAS EM DOBRO – DÉCIMO TERCEIRO – QUITAÇÃO – DESCABIMENTO DOS VALORES REFERENTES AO FGTS – SENTENÇA PARCIALMENTE REFORMADA. 1. O servidor contratado temporariamente para atender à necessidade de excepcional interesse público (art. 37, IX, CR) tem direito ao pagamento somente das verbas trabalhistas devidas aos servidores públicos em geral. 2. O pagamento das férias será devido com base no valor correspondente a uma remuneração mensal, haja vista que não há previsão estatutária para pagamento de férias em dobro. 3. Havendo nos autos demonstrativo de quitação do décimo terceiro salário referente ao ano de 2012, descabida a condenação do Município ao pagamento de tal verba. 4. A Constituição da República assegura aos servidores estatutários apenas os direitos sociais do trabalhador – próprios dos empregados celetistas – previstos expressamente em seu art. 39, § 3º, não sendo possível, portanto, aplicar-se aos contratos administrativos as disposições previstas na Consolidação das Leis do Trabalho e na legislação trabalhista. Descabimento do depósito dos valores referentes ao Fundo de Garantia por Tempo de Serviço – FGTS. 5. Sentença parcialmente reformada, no reexame necessário conhecido de ofício. Prejudicado o recurso voluntário.

TJ-RR – Embargos de Declaração na Apelação Cível EDecAC 0030110008866 (TJ-RR)

Data de publicação: 31.10.2014

Ementa: EMBARGOS DE DECLARAÇÃO EM APELAÇÃO CÍVEL. COBRANÇA DE VERBAS TRABALHISTAS. OMISSÃO E EQUÍVOCO NO EXAME DAS RAZÕES EXPOSTAS NA APELAÇÃO DO EMBARGANTE. SANEAMENTO DO VÍCIO. EFEITOS INFRINGENTES CONCEDIDOS. EXCLUSÃO DA CONDENAÇÃO AO PAGAMENTO DE FÉRIAS EM DOBRO. CONHECIMENTO PARCIAL DA APELAÇÃO. INEXISTÊNCIA DE DELIBERAÇÃO NA SENTENÇA PARA SAQUE DE FGTS. RECURSO DE APELAÇÃO NÃO CONHECIDO NESTE ASPECTO. PROVIMENTO QUANTO AO PEDIDO DE EXCLUSÃO DA CONDENAÇÃO AO PAGAMENTO DE AVISO PRÉVIO

E PAGAMENTO DO FGTS. VERBAS DE NATUREZA CELETISTA INDEVIDAS AO SERVIDOR PÚBLICO. PRECEDENTES DESTA CORTE E DO EG. STF. EMBARGOS PROVIDOS. 1. A retificação de Acórdão só tem cabimento nas hipóteses de inexatidões materiais, erros de cálculo, omissão, contradição ou obscuridade. 2. Restando configurados na decisão colegiada recorrida, a existência de erro material, há de ser acolhido o presente recurso para saneamento de tais vícios, devendo, em consequência, ser-lhe atribuídos os efeitos infringentes pleiteados, para conhecer parcialmente do apelo e, na parte conhecida, dar-lhe provimento, excluindo da condenação o pagamento da verba rescisória trabalhista relativa ao aviso prévio e pagamento de FGTS, por serem de natureza celetista, bem como excluir a condenação do recorrente o pagamento de férias em dobro, já que não fora pleiteado na exordial. 3. Sucumbência recíproca.

TJ-MG – Apelação Cível AC 10685130009192001 MG (TJ-MG)

Data de publicação: 26.05.2015

Ementa: REEXAME NECESSÁRIO // APELAÇÃO CÍVEL – AÇÃO ORDINÁRIA – DIREITO ADMINISTRATIVO – SERVIDOR PÚBLICO DO MUNICÍPIO DE TEIXEIRAS – CONTRATO TEMPORÁRIO PARA ATENDER À NECESSIDADE DE EXCEPCIONAL INTERESSE PÚBLICO – PAGAMENTO DOS DIREITOS SOCIAIS ASSEGURADOS AOS SERVIDORES PÚBLICOS EM GERAL – FÉRIAS E RESPECTIVO TERÇO CONSTITUCIONAL – DEVIDOS – AUSÊNCIA DE PREVISÃO ESTATUTÁRIA PARA PAGAMENTO DE FÉRIAS EM DOBRO – DÉCIMO TERCEIRO – QUITAÇÃO DEMONSTRADA – DESCABIMENTO DOS VALORES REFERENTES AO FGTS – SENTENÇA PARCIALMENTE REFORMADA. 1. O servidor contratado temporariamente para atender à necessidade de excepcional interesse público (art. 37, IX, CR) tem direito ao pagamento somente das verbas trabalhistas devidas aos servidores públicos em geral. 2. O pagamento das férias será devido com base no valor correspondente a uma remuneração mensal, haja vista que não há previsão estatutária para pagamento de férias em dobro, conforme requerido na inicial. 3. Inexistência de contraprova capaz de elidir a presunção de quitação do décimo terceiro salário. Ônus do autor (CPC, art. 333, I). 4. A Constituição da República assegura aos servidores estatutários apenas os direitos sociais do trabalhador – próprios dos empregados celetistas – previstos expressamente em seu art. 39, § 3º, não sendo possível, portanto, aplicar-se aos contratos administrativos as disposições previstas na Consolidação das Leis do Trabalho e na legislação trabalhista. Descabimento do depósito dos valores referentes ao Fundo de Garantia por Tempo de Serviço – FGTS. 5. Sentença parcialmente reformada, no reexame necessário conhecido de ofício. Prejudicado o recurso voluntário.

TST – AGRAVO DE INSTRUMENTO EM RECURSO DE REVISTA AIRR 1845140362003502 1845140-36.2003.5.02.0902 (TST)

Data de publicação: 14.11.2008

Ementa: AGRAVO DE INSTRUMENTO. RECURSO DE REVISTA. JULGAMENTO *EXTRA PETITA*. MATÉRIA NÃO PREQUESTIONADA. PAGAMENTO DAS FÉRIAS EM DOBRO. MATÉRIA FÁTICO-PROBATÓRIA. DECISÃO DENEGATÓRIA. MANUTENÇÃO. Não há como assegurar o processamento do recurso de revista quando o agravo de instrumento interposto não desconstitui os fundamentos da decisão denegatória, quanto à ausência de prequestionamento no atinente ao julgamento extra petita, bem como ao óbice da Súmula n. 126/TST a incidir na alegação de pagamento das férias em dobro, que, assim, subsiste por seus próprios fundamentos. Agravo de instrumento desprovido.

TJ-RS – Apelação Cível AC 70045033230 RS (TJ-RS)

Data de publicação: 11.12.2012

Ementa: APELAÇÃO CÍVEL. SERVIDOR PÚBLICO. MUNICÍPIO DE ROSÁRIO DO SUL. PRINCÍPIO DA LEGALIDADE. ART. 37, *CAPUT*, DA CF. INCORPORAÇÃO AOS PROVENTOS DA MÉDIA MENSAL DE HORAS EXTRAORDINÁRIAS PERCEBIDAS. IMPOSSIBILIDADE NO CASO CONCRETO. NÃO DEMONSTRADO O LABOR EXTRAORDINÁRIO ININTERRUPTO DURANTE 02 ANOS NO QÜINQÜÊNIO QUE ANTECEDEU A DATA DA APOSENTADORIA. PAGAMENTO DE FÉRIAS EM DOBRO. DESCABIMENTO. AUSÊNCIA DE PREVISÃO LEGAL. Negaram provimento ao apelo. Unânime. (Apelação Cível n. 70045033230, Quarta Câmara Cível, Tribunal de Justiça do RS, Relator: Alexandre Mussoi Moreira, Julgado em...

TRT-10 – Recurso Ordinário RO 1995201110210003 DF 01995-2011-102-10-00-3 RO (TRT-10)

Data de publicação: 06.07.2012

Ementa: EMBARGOS DE DECLARAÇÃO. OMISSÃO CONFIGURADA. PROVIMENTO. Havendo omissão no julgado, em que se deu provimento parcial ao recurso da Reclamada para excluir-se a determinação de pagamento de férias em dobro, mas não foi arbitrado novo valor à condenação, dá-se provimento aos embargos declaratórios para, sanando o vício, reduzir o valor da condenação. Embargos conhecidos e providos. I -

TRF-4 – APELAÇÃO CIVEL AC 7860 SC 2008.72.00.007860-2 (TRF-4)

Data de publicação: 18.12.2009

Ementa: ADMINISTRATIVO. SERVIDOR PÚBLICO FEDERAL. FÉRIAS. LICENÇA PARA TRATAMENTO DA SAÚDE. INDENIZAÇÃO DEVIDA. PAGAMENTO DAS FÉRIAS EM DOBRO. FALTA DE AMPARO LEGAL. VERBA HONORÁRIA. Reconhecido o direito de o autor receber indenização por férias não usufruídas, já que o período em que esteve em licença para tratar da sua saúde é de ser contado como de exercício efetivo, no entanto, como a ré ficou impedida de deferir a efetiva fruição das férias em face da licença médica concedida, descabe pretensão do demandante de auferir seu pagamento em dobro, por falta de amparo legal. Mantida a verba honorária consoante fixada, em face de o autor ter sucumbido de parte do pedido.

TST - EMBARGO EM RECURSO DE REVISTA E-RR 6357606320005075555 635760-63.2000.5.07.5555 (TST)

Data de publicação: 23.02.2007

Ementa: RECURSO DE EMBARGOS. RESPONSABILIDADE DO RECLAMADO. PAGAMENTO DE FÉRIAS EM DOBRO. EMPREGADO CEDIDO. Não se conhece de embargos que não logram demonstrar a existência de afronta literal a preceito legal ou divergência jurisprudencial, nos termos do artigo 894, letra b, da CLT . Recurso de embargos não conhecido.

TJ-RR – Apelação Cível AC 0010119027620 (TJ-RR)

Data de publicação: 02.03.2013

Ementa: DIREITO ADMINISTRATIVO - APELAÇÃO CÍVEL - NECESSIDADE DE CONCURSO PÚBLICO PARA CONTRATAÇÃO DE SERVIDORES PÚBLICOS A PARTIR DA PROMULGAÇÃO DA CF/88 - EXCEÇÃO AUTORIZADA PELA LEI MAGNA: CARGO COMISSIONADO E CONTRATO TEMPORÁRIO - NÃO OBSERVÂNCIA DE REQUISITOS AUTORIZADORES DO CONTRATO POR TEMPO DETERMINADO - CONTRATAÇÃO PRECÁRIA DESVIRTUADA - RELAÇÃO JURÍDICO-ADMINISTRATIVA MANTIDA - DIREITOS ASSEGURADOS PELO ARTIGO 39, § 3º, DA CF/88 - FÉRIAS PROPORCIONAIS DEVIDAS - CONDENAÇÃO AO PAGAMENTO EM FÉRIAS EM DOBRO - NÃO CABIMENTO - APELO CONHECIDO E PARCIALMENTE PROVIDO. 1) Aos administradores públicos não foi conferida liberdade para contratação dos servidores, tendo a CF elevado a princípio o dever de realização de concurso público para provimento dos cargos públicos efetivos e empregos públicos (CF/88: art. 37, inc. II). A regra de realização de concurso público foi excetuada apenas para preenchimento dos cargos em comissão e contrato temporário. 2) A Apelada exerceu o denominado "contrato temporário", contudo, desvirtuado, pois não apresentou os requisitos exigidos pela Constituição Federal. 3) A prorrogação do contrato nessas circunstâncias, seja ela expressa ou tácita, em que se opera a mudança do prazo de vigência deste, de temporário para indeterminado, pode até ensejar nulidade, mas não altera a natureza jurídica do vínculo de cunho administrativo que se reconheceu originalmente. Precedentes do STF: Rcl n. 10363/RN, Rel. Min. Carmen Lúcia; DJe 033, Pub. 18.02.2011 - RE 573202/AM, Rel. Ministro Ricardo Lewandowski, Tribunal Pleno, Julg. 21.08.2008, Pub. Repercussão Geral (mérito), DJe-232, Divulg. 04.12.2008, Public. 05.12.2008, Ement. Vol. 02344-05, P-00968, LEXSTF v. 30, n. 360, 2008, p. 209-245 - CC 111382/PE, Rel. Min. Mauro Campbell Marques, 1.ª Seção, Jul. 10.11.2010, Pub. DJe 18.11.2010. 4) A contratação pela Administração Pública sem concurso público é de direta responsabilidade do agente público e sobre este devem recair as consequências pela [...]

TST - RECURSO DE REVISTA RR 72577720012 725777/2001.2 (TST)

Data de publicação: 29.09.2006

Ementa: RECURSO DE REVISTA. PAGAMENTO DE FÉRIAS EM DOBRO. A interpretação das normas em exame - artigo 8º, parágrafo 1º do ADCT e artigos 130 e 133 da CLT - não pode dissociar-se da realidade em que se inserem, nem do componente de razoabilidade com o qual devem ser aplicadas. Com efeito, insta considerar-se que a intenção do legislador constituinte, ao reconhecer a garantia constitucional à anistia, foi a de preservar integralmente a relação jurídica interrompida de forma injusta, pretendendo garantir ao empregado, arbitrariamente demitido, os mesmos direitos atribuídos aos trabalhadores que tiveram preservada sua relação jurídica laboral, todavia, limitando a concessão dos efeitos pecuniários, a partir da vigência da Carta Magna. Assim, de acordo com o lastro de razoabilidade das normas ora examinadas, não há como interpretá-las senão, sistemática e teleologicamente, no sentido de - conquanto reconhecida a extinção do vínculo - reconhecer-se o direito do empregado às férias em dobro, a partir do vigência da Constituição de 1988, referentes aos períodos compreendidos entre 05.10.88 e 04.10.89 e 05.10.89 e 11.03.90. Recurso de revista não conhecido. CUSTAS PROCESSUAIS. Não demonstrada a violação à literalidade de preceito constitucional, de dispositivo de lei federal, ou a existência de teses diversas na interpretação de um mesmo dispositivo legal, não há que se determinar o seguimento do recurso de revista com fundamento nas alíneas *a* e *c* do artigo 896 da Consolidação das Leis do Trabalho. Recurso de revista não conhecido.

TST - RECURSO DE REVISTA RR 72577779200150155557257777-79.2001.5.01.5555 (TST)

Data de publicação: 29.09.2006

Ementa: RECURSO DE REVISTA. PAGAMENTO DE FÉRIAS EM DOBRO. A interpretação das normas em exame - artigo 8º,capute parágrafo 1º do ADCT e artigos 130 e 133 da CLT - não pode dissociar-se da realidade em que se inserem, nem do componente de razoabilidade com o qual devem ser aplicadas. Com efeito, insta considerar-se que a intenção do legislador constituinte, ao reconhecer a garantia constitucional à anistia, foi a de preservar integralmente a relação jurídica interrompida de forma injusta, pretendendo garantir ao empregado, arbitrariamente demitido, os mesmos direitos atribuídos aos trabalhadores que tiveram preservada sua relação jurídica laboral, todavia, limitando a concessão dos efeitos pecuniários, a partir da vigência da Carta Magna. Assim, de acordo com o lastro de razoabilidade das normas ora examinadas, não há como interpretá-las senão, sistemática e teleologicamente, no sentido de - conquanto reconhecida a extinção do vínculo - reconhecer-se o direito do empregado às férias em dobro, a partir do vigência da Constituição de 1988, referentes aos períodos compreendidos entre 05.10.88 e 04.10.89 e 05.10.89 e 11.03.90. Recurso de revista não conhecido. CUSTAS PROCESSUAIS. Não demonstrada a violação à literalidade de preceito constitucional, de dispositivo de lei federal, ou a existência de teses diversas na interpretação de um mesmo dispositivo legal, não há que se determinar o seguimento do recurso de revista com fundamento nas alíneas *a* e *c* do artigo 896 da Consolidação das Leis do Trabalho. Recurso de revista não conhecido.

TST - RECURSO DE REVISTA RR 1644004220085120050 (TST)

Data de publicação: 30.05.2014

Ementa: RECURSO DE REVISTA. FÉRIAS VENCIDAS. NÃO FRUIÇÃO. PAGAMENTO EM DOBRO. As normas relativas ao gozo das férias são de ordem pública, tendo o descanso anual o objetivo de resguardar a higidez física e mental do empregado. Assim, se o empregador frustra o exercício desse direito ao substituir o gozo do período de férias pelo pagamento de quantia equivalente ao salário do respectivo mês do repouso, acaba por violar os arts. 9º e 137, *caput*, da Consolidação das Leis do Trabalho. Pertinência da Súmula n. 81 desta Corte. Precedentes. Recurso de revista parcialmente conhecido e provido.

TRT-1 - RECURSO ORDINÁRIO RO 00107081320135010031 RJ (TRT-1)

Data de publicação: 24.04.2015

Ementa: FÉRIAS VENCIDAS. QUITAÇÃO. PROVA. Havendo prova, não impugnada, do pagamento das férias vencidas, não há razão para se condenar à ré ao seu pagamento, sob pena de se incorrer em bis in idem e gerar o enriquecimento ilícito da parte autora.

TRT-1 - Agravo de Peticao AP 00004988720115010057 RJ (TRT-1)

Data de publicação: 15.07.2014

Ementa: FÉRIAS VENCIDAS. A indenização pela não concessão das férias no tempo oportuno será calculada com base na remuneração devida ao empregado na época da reclamação ou, se for o caso, na da extinção do contrato. (Súmula n. 7 do TST).

TST – RECURSO DE REVISTA RR 6290004201151700012 62900-04.2011.5.17.0012 (TST)

Data de publicação: 18.10.2013

Ementa: RECURSO DE REVISTA. APOSENTADORIA POR INVALIDEZ. SUSPENSÃO DO CONTRATO DE TRABALHO. DIREITO A RECEBER FÉRIAS VENCIDAS. A suspensão do contrato de trabalho, em decorrência da aposentadoria por invalidez, no curso do período concessivo das férias, não impede o direito de o trabalhador receber o pagamento de suas férias vencidas, por se tratar de um direito adquirido. Recurso de revista conhecido e provido.

TST – EMBARGOS DECLARATORIOS RECURSO DE REVISTA ED-RR 10600000032009509 1060000-03.2009.5.09.0019 (TST)

Data de publicação: 09.08.2013

Ementa: EMBARGOS DE DECLARAÇÃO. ENQUADRAMENTO COMO BANCÁRIA. FINANCIÁRIA. HORAS EXTRAORDINÁRIAS – CARTÕES DE PONTO. FÉRIAS VENCIDAS. HONORÁRIOS ADVOCATÍCIOS. DESCONTOS FISCAIS. REJEIÇÃO. Embargos de declaração rejeitados, porque não evidenciada omissão, contradição ou obscuridade no julgado. Incidência dos artigos 897-A da CLT e 535 do CPC.

TST – EMBARGOS DECLARATORIOS RECURSO DE REVISTA ED-RR 10600000032009509 1060000-03.2009.5.09.0019 (TST)

Data de publicação: 07.08.2013

Ementa: EMBARGOS DE DECLARAÇÃO. ENQUADRAMENTO COMO BANCÁRIA. FINANCIÁRIA. HORAS EXTRAORDINÁRIAS – CARTÕES DE PONTO. FÉRIAS VENCIDAS. HONORÁRIOS ADVOCATÍCIOS. DESCONTOS FISCAIS. REJEIÇÃO. Embargos de declaração rejeitados, porque não evidenciada omissão, contradição ou obscuridade no julgado. Incidência dos artigos 897-A da CLT e 535 do CPC.

TRT-1 – Recurso Ordinário RO 9500362008501009 RJ (TRT-1)

Data de publicação: 08.05.2012

Ementa: APOSENTADORIA POR INVALIDEZ – FÉRIAS VENCIDAS – Não é exigível o pagamento de férias vencidas enquanto a aposentadoria por invalidez ainda não houver se tornado definitiva, se o afastamento do empregado se deu no curso do período concessivo.

TRT-1 – Recurso Ordinário RO 8254720115010052 RJ (TRT-1)

Data de publicação: 17.10.2012

Ementa: FÉRIAS VENCIDAS. JUSTA CAUSA. As férias vencidas acrescidas de 1/3 (um terço) são devidas ao empregado, independentemente de qual seja a causa da cessação do contrato de trabalho, conforme inteligência do artigo 146 da Consolidação das Leis Trabalhistas.

TRT-5 – Recurso Ordinário RecOrd 00003275420145050271 BA 0000327-54.2014.5.05.0271 (TRT-5)

Data de publicação: 12.08.2015

Ementa: FÉRIAS VENCIDAS – PAGAMENTO EM DOBRO. As férias vencidas do empregado devem ser pagas de forma dobrada. VALDICE NOGUEIRA DOS SANTOS interpôs recurso ordinário às fls. 67/68-v, inconformada com a sentença proferida nos autos da reclamação trabalhista proposta contra MUNICÍPIO DE CANUDOS. Pressupostos de admissibilidade observados. Parecer do Ministério Público do Trabalho à fl. 74. É o relatório. VOTO A recorrente pugna pela condenação do município no pagamento de férias em dobro. No caso, a julgadora de base julgou procedente o pedido de pagamento das férias vencidas, razão pela qual, a princípio, seria a hipótese de falta de interesse recursal por parte da recorrente. Todavia, analisados os cálculos produzidos com a sentença, vê-se que não atenderam ao comando sentencial, uma vez que consignaram o pagamento de cinco férias simples, quando o correto seriam quatro férias dobradas e uma simples. Dessa forma, declaram-se incorretos os cálculos produzidos com a sentença, devendo-se nova conta ser refeita, observando-se o disposto na sentença. Isto posto, acordam os Desembargadores da 1ª Turma do Tribunal Regional do Trabalho da 5ª Região, por unanimidade, dar provimento parcial ao recurso, para declarar incorretos os cálculos de fls. 63/65, devendo-se nova conta ser refeita, observando-se o disposto na sentença. IVANA MÉRCIA NILO DE MAGALDI Desembargadora Relatora (Assinado digitalmente)//

TST – AGRAVO DE INSTRUMENTO EM RECURSO DE REVISTA AIRR 17067120105080114 1706-71.2010.5.08.0114 (TST)

Data de publicação: 28.09.2012

Ementa: AGRAVO DE INSTRUMENTO EM RECURSO DE REVISTA. HORAS EXTRAS E REFLEXOS. SALÁRIO PRODUÇÃO. FÉRIAS VENCIDAS . Recurso de revista que não merece admissibilidade em face da aplicação das Súmulas ns. 126, 296, item I, 297 e 337, item I, letra *a*, desta Corte, bem como porque não restou configurada a ofensa aos artigos 128, 282, 460 e 840 do CPC, pelo que, não infirmados os fundamentos do despacho denegatório do recurso de revista, mantém-se a decisão agravada por seus próprios fundamentos. Ressalta-se que, conforme entendimento pacificado da Suprema Corte (MS-27.350/DF, Rel. Min. Celso de Mello, DJ 04.06.2008), não configura negativa de prestação jurisdicional ou inexistência de motivação a decisão do Juízo ad quem pela qual se adotam, como razões de decidir, os próprios fundamentos constantes da decisão da instância recorrida (motivação per relationem), uma vez que atendida a exigência constitucional e legal da motivação das decisões emanadas do Poder Judiciário. Agravo de instrumento desprovido.

TRT-16 – 750200900116007 MA 00750-2009-001-16-00-7 (TRT-16)

Data de publicação: 04.05.2011

Ementa: OBRIGAÇÃO DE VENDER 1/3 DO PERÍODO DE FÉRIAS – DANO MORAL – CARACTERIZAÇÃO. O art. 143 da CLT disciplina que a conversão de 1/3 do período de férias em abono pecuniário é uma faculdade do empregado, ou seja, trata-se de um direito potestativo seu, desde que requerido no prazo legal, e não uma ordem indireta imposta pelo empregador. Por isso, age com excesso aquele que obriga seu empregado a converter em dinheiro 10 dias de suas férias anuais, configurando-se ato ilícito causador de dano e ensejando a correspondente reparação. ACÚMULO DE FUNÇÃO – NÃO CONFIGURAÇÃO. O acúmulo de funções ocorre quando o empregado desenvolve atividades inerentes a mais de um cargo e de forma substancial, vale dizer, ao ponto de alterar qualitativamente o complexo básico de tarefas inerentes ao cargo para o qual foi contratado. Demonstrado que o exercício da função do reclamante não era estanque, pois não se constituía em uma única tarefa, mas sim de um somatório destas, compatíveis com a função principal, não é devido o plus remuneratório pretendido. EQUIPARAÇÃO SALARIAL – REQUISITOS. Da leitura do art. 461 da consolidação trabalhista, extrai-se que a equiparação resulta do trabalho em idêntica função, prestado ao mesmo empregador, na mesma localidade, com igual produtividade e com a mesma perfeição técnica, entre trabalhadores cuja diferença de tempo na função seja igual ou inferior a dois anos. Cumpre à reclamante o ônus de demonstrar os fatos constitutivos de seu direito, por força do art. 818, CLT, c/c art. 333, I, CPC, exclusivamente vinculado à identidade de funções. Recurso ordinário conhecido e parcialmente provido. Recurso adesivo conhecido e não provido.

TJ-DF – Apelacao Civel do Juizado Especial ACJ 20130111834549 DF 0183454-57.2013.8.07.0001 (TJ-DF)

Data de publicação: 01.10.2014

Ementa: JUIZADOS ESPECIAIS CÍVEIS. CONSUMIDOR. VENDA DE PACOTE DE TURISMO. ALTERAÇÃO UNILATERAL DE HOTEL. PRELIMINAR DE ILEGITIMIDADE PASSIVA AFASTADA. INCIDÊNCIA DA SOLIDARIEDADE DO CDC. IMPUTAÇÃO DE RESPONSABILIDADE DIRETA NA FALHA DE INFORMAÇÃO DA RÉ, QUE JÁ SABIA DA IMPOSSIBILIDADE DE OCUPAÇÃO DO HOTEL E, MESMO ASSIM, VENDEU A ESTADIA COM 3 MESES DE ANTECEDÊNCIA E SÓ COMUNICOU O CONSUMIDOR A 3 DIAS DA VIAGEM. MÉRITO. MODIFICAÇÃO UNILATERAL DO HOTEL PARA OUTRO QUE PERTENCE AO MESMO GRUPO. A SIMPLES DIFERENÇA DO VALOR NA ESTADIA EM HOTÉIS DO MESMO GRUPO GERA A PRESUNÇÃO DE QUE O MAIS CARO É DE MELHOR QUALIDADE. DANOS MATERIAIS COMPROVADOS. NECESSIDADE DE RESSARCIMENTO DOS VALORES PAGOS A MAIOR. DANOS MORAIS CONFIGURADOS. A TROCA DE HOTEL PARA OUTRO DE QUALIDADE INFERIOR PREJUDICA O CONFORTO DAS FÉRIAS E CAUSA ABORRECIMENTOS QUE SUPERAM O TOLERÁVEL EM NOSSO DIA A DIA. VALOR FIXADO EM R$ 3.000,00 ATENDE AOS PRINCÍPIOS DA RAZOABILIDADE E PROPORCIONALIDADE. RECURSO CONHECIDO. PRELIMINAR AFASTADA. IMPROVIDO. A Súmula de julgamento servirá de acórdão, conforme art. 46 da Lei n. 9.099/95. Condenado o recorrente vencido ao pagamento de custas processuais e honorários advocatícios que fixo em 15% (quinze por cento) do valor da condenação.

TST – RECURSO DE REVISTA RR 4258537200451200012 42585-37.2004.5.12.0012 (TST)

Data de publicação: 19.08.2011

Ementa: com as Súmulas ns. 124 e 343 do TST, encontrando-se a divergência colacionada superada em face da jurisprudência desta Corte. Recurso de revista de que não se conhece. INTEGRAÇÃO DO AUXÍLIO-REFEIÇÃO E DA CESTA-ALIMENTAÇÃO AO SALÁRIO. Decisão recorrida em consonância com a Orientação Jurisprudencial n. 133 da SDI-1/TST. Recurso de revista de que não se conhece. FÉRIAS OBRIGATORIAMENTE VENDIDAS. O quadro fático descrito pelo TRT consigna que o empregado não era coagido a vender dez dias de férias e que consta o pagamento do abono das férias, não sendo devido novo pagamento. O reexame pretendido pelo reclamante encontra óbice na Súmula n. 126 do TST. Recurso de revista de que não se conhece. ACÚMULO DE FUNÇÃO. 1. Nos termos do art. 456, parágrafo único, da CLT, diante da falta de prova ou de cláusula expressa a respeito, o recorrente se obriga a todo e qualquer serviço compatível com a sua condição pessoal. Além disso, a CLT não exige a contratação de um salário específico para remunerar cada uma das tarefas desenvolvidas pelo empregado, assim como não obsta que um único salário seja fixado para remunerar todas as atividades executadas durante a jornada laboral. 2. O exercício de atividades diversas, compatíveis com a condição pessoal do trabalhador, não enseja o pagamento de um plus salarial por acúmulo de funções, porque remuneradas pelo salário todas as tarefas desempenhadas dentro da jornada de trabalho. 3. O empregador, no exercício do *jus* variandi (art. 2º, *caput*, da CLT), pode alterar as funções de seus empregados, desde que as novas atividades sejam compatíveis com aquelas já exercidas e que não implique em majoração de carga horária, situação em que não há alteração contratual lesiva. Recurso de revista de que não se conhece. ADICIONAL DE RISCO. Arestos inespecíficos. Súmula n. 296/TST. Recurso de revista de que não se conhece. INDENIZAÇÃO PELO SEGURO-DESEMPREGO. Os julgados paradigmas não abordam a mesma situação fática da decisão recorrida [...]

TJ-RJ - RECURSO INOMINADO RI 00244430820148190038 RJ 0024443-08.2014.8.19.0038 (TJ-RJ)

Data de publicação: 21.09.2015

Ementa: CONSELHO RECURSAL DOS JUIZADOS ESPECIAIS CÍVEIS RECURSO: 0024443-08.2014.8.19.0038. RECORRENTE: Marcelo Guimarães da Silva. RECORRENTE: Elaine Pereira de Rezende. RECORRIDO: Royal Holiday Brasil Negócios Turísticos LTDA. VOTO. Cancelamento de contrato não realizado – Os autores aduzem que foram induzidos a realizar contrato com o réu de "pacote de vantagens", no valor de R$ 34.270,00, após preencherem cadastro e serem convidados a participarem de evento onde ganhariam "vouchers de viagem". Estipulação de multa de cancelamento prevista no contrato, no valor de 10% do valor do contrato (R$ 3.427,00). Reclamação administrativa realizada, sem protocolo nos autos, onde foi informado que o cancelamento não poderia ser feito em horário noturno e que os autores deveriam procurar a corretora que lhes vendera o pacote. Autores que cancelaram contrato sem pagar a multa realizando outro contrato, no valor de R$ 7.450,00, e, ao tentarem utilizar os serviços do voucher, foram informados de que seria necessário o pagamento de taxa de 49 dólares. Serviço que nunca foi efetivamente prestado pelo réu e que foi adimplido pelos autores. Pleito de indenização por danos morais e materiais, além de obrigação de fazer para que seja rescindido o contrato sem ônus para os consumidores. Contestação às fl. 104, alegando ilegitimidade passiva, que os valores não foram repassados ao réu e que inexistem os danos morais e materiais a serem reparados. Projeto de Sentença às fls.170, homologado pelo juiz de direito Rafael Tavares Bekner Correa, que julgou improcedentes os pedidos autorais. Recurso do autor às fl. 179, com Gratuidade de Justiça deferida às fl. 232. Provimento parcial do recurso da parte autora para condenar o réu a rescindir o contrato sem ônus para os consumidores, restituir a quantia de R$ 7.859,00, a título de danos materiais, com juros e correção da citação, bem como a pagar, a título de danos morais, o valor de R$ 4.000,00, com correção e juros na forma de art. 406 do CC/02, a partir [...]

TST - EMBARGO EM RECURSO DE REVISTA E-RR 361520115070009 (TST)

Data de publicação: 08.05.2015

Ementa: RECURSO DE EMBARGOS INTERPOSTO NA VIGÊNCIA DA LEI N. 11.496/2007. FÉRIAS. ABONO PECUNIÁRIO. BASE DE CÁLCULO. TERÇO CONSTITUCIONAL. A Constituição Federal, ao prever o pagamento do gozo de férias com acréscimo de um terço, determinou um novo patamar remuneratório para o descanso remunerado, quer dizer, todo período de férias deve ser remunerado com um terço. Entretanto, se o empregado aquiesce em vender parte desse período, é lógico que ele não tem direito a mais um terço; se o período das férias é de trinta dias, ele tem direito aos trinta dias correspondentes. Assim, na medida em que a Constituição Federal garante o terço constitucional sobre a remuneração de férias, não há como se entender que o abono de que trata o caput do artigo 143 da CLT esteja incluído nessa previsão, já que de férias não se trata. Realmente, apesar da dicção do artigo 144 da CLT, é certo que referido abono significa contraprestação pelo serviço, o que se mostra suficiente para excluir a verba da incidência do terço constitucional. Destaque-se que a lei prevê férias de no máximo trinta dias (artigo 130, I, da CLT). Assim, a incidência do terço constitucional sobre o abono pecuniário implicaria pagamento de férias de 40 dias, significando impor obrigação não prevista em lei, em claro desrespeito ao artigo 5º, II, da CF. Precedentes. Recurso de embargos conhecido por divergência jurisprudencial e desprovido.

TST – AGRAVO DE INSTRUMENTO EM RECURSO DE REVISTA AIRR 97200652012521OOO5 (TST)

Data de publicação: 19.09.2014

Ementa: AGRAVO DE INSTRUMENTO. RECURSO DE REVISTA. FÉRIAS. ABONO PECUNIÁRIO. BASE DE CÁLCULO. TERÇO CONSTITUCIONAL. A Constituição Federal, ao prever o pagamento do gozo de férias com acréscimo de um terço, determinou um novo patamar remuneratório para o descanso remunerado, quer dizer, todo período de férias deve ser remunerado com um terço. Entretanto, se o empregado aquiesce em vender parte desse período, é lógico que não tem direito a mais um terço, pois se o período das férias é de trinta dias, ele tem direito aos trinta dias correspondentes. Assim, na medida em que a Constituição Federal garante o terço constitucional sobre a remuneração de férias, não há como se entender que o abono tratado no caput do artigo 143 da CLT esteja incluído nessa previsão, já que de férias não se trata. Realmente, apesar da dicção do artigo 144 da CLT, é certo que referido abono significa contraprestação pelo serviço, o que se mostra suficiente para excluir a verba da incidência do terço constitucional. Destaque-se que a lei prevê férias de no máximo trinta dias (artigo 130, I, da CLT), de modo que a incidência do terço constitucional sobre o abono pecuniário implicaria pagamento de férias de 40 dias, e imporia obrigação não prevista em lei, em desrespeito ao artigo 5º, II, da Constituição da República. Acresça-se que a SBDI-1, em processo recentemente julgado na sessão de 3/4/2014, TST-E-RR-102-98.2011.5.07.0007, de relatoria do Exmo. Ministro Lelio Bentes Corrêa, consolidou o entendimento de que, uma vez constatado o pagamento do terço constitucional sobre os 30 dias de férias, resulta indevido o pagamento de 1/3 sobre o abono pecuniário de férias. Precedentes. Agravo de instrumento conhecido e não provido.

TRT-3 – RECURSO ORDINÁRIO TRABALHISTA RO 00679201309503000 0000679-46.2013.5.03.0095 (TRT-3)

Data de publicação: 13.06.2014

Ementa: VENDAS DE FÉRIAS POR DETERMINAÇÃO EMPRESARIAL. PAGAMENTO. Nos termos do art. 143 da CLT, a conversão de 1/3 do período de férias em abono pecuniário é faculdade do empregado, não podendo este ser compelido pelo empregador a "vender" parte de suas férias. Comprovado que o Reclamado obrigava o Reclamante a converter 1/3 de suas férias em abono, este faz *jus* ao pagamento do período de férias que teve sonegado.

TJ-DF – MANDADO DE SEGURANÇA MS 20010020040407 DF (TJ-DF)

Data de publicação: 18.12.2002

Ementa: CONSTITUCIONAL – PROCESSO CIVIL – ADMINISTRATIVO: MANDADO DE SEGURANÇA PREVENTIVO – SERVIDORES DA CÂMARA LEGISLATIVA DO DF – NÃO COMPROVAÇÃO DA VENDA DE 1/3 DAS FÉRIAS – ADICIONAL DE 1/3 DE FÉRIAS – INCIDÊNCIA – IMPOSTO DE RENDA -PROVA PRÉ-CONSTITUÍDA – AUSÊNCIA – CARÊNCIA DE AÇÃO. OS IMPETRANTES NÃO COMPROVARAM A VENDA DE 1/3 (UM TERÇO) DAS FÉRIAS E CONFORME COMPROVAM OS DOCUMENTOS, APRESENTADOS PELA AUTORIDADE COATORA, OS IMPETRANTES NOS ÚLTIMOS CINCO ANOS, NUNCA VENDERAM 10 (DEZ) DIAS DE SUAS FÉRIAS, EIS QUE O ATO N. 067/2000 DA MESA DIRETORA DA CÂMARA LEGISLATIVA DO DF, VEDOU A CONVERSÃO DAS FÉRIAS EM PECÚNIA PARA OS SERVIDORES DAQUELA CASA. A PROVA DOCUMENTAL É INDISPENSÁVEL AO EXERCÍCIO DA AÇÃO MANDAMENTAL, DE MODO A EVIDENCIAR DE FORMA INQUESTIONÁVEL O DIREITO LÍQUIDO E CERTO DOS IMPTES. NA SUA FALTA NÃO HÁ COMO CONHECER-SE DO *MANDAMUS* JÁ QUE A MESMA É CONDIÇÃO ESPECÍFICA PARA O SEU EXERCÍCIO. CARÊNCIA DO DIREITO DE AÇÃO.

TRT-1 – Inteiro Teor. Recurso Ordinário: RO 2303220115010025 RJ

Data de publicação: 10.12.2012

Decisão: de que o reclamante era obrigado a vender férias, impondo declaração de nulidade do julgado..., o assédio moral e a alegação de que o autor era obrigado a vender férias, nos termos do voto do Relator... equiparação salarial e ao fato de que o autor era obrigado a vender as férias. Assiste-lhe razão.

TRT-1 – RECURSO ORDINÁRIO RO 00101548720135010222 RJ (TRT-1)

Data de publicação: 22.05.2015

Ementa: BANCÁRIO. CAIXA. ÔNUS DA PROVA. O depoimento da testemunha não foi apto a comprovar o horário declinado na inicial e inidoneidade dos controles de ponto, devendo ser observados os horários ali constantes. Devidas as diferenças de horas extras, inclusive as já pagas, pela aplicação do divisor 150, diante da cláusula oitava, parágrafo primeiro, das normas coletivas, que reconhecem o sábado como dia de repouso remunerado (Súmula n. 124, I, *a*, do C.TST). DESCONTOS. DANOS. DEVOLUÇÃO. INDEVIDA. A possibilidade de descontos por dano estava previsto contratualmente. O empregado ciente de que poderá arcar com parte do prejuízo decorrente de sua negligência, fica mais atento ao cumprimento de suas funções. Desconto lícito. ASSÉDIO MORAL. NÃO COMPROVADO. O assédio moral é caracterizado pelas condutas abusivas praticadas pelo empregador direta ou indiretamente, sob o plano vertical ou horizontal, ao empregado, que afetem seu estado psicológico. Normalmente, refere-se a um costume ou prática reiterada do empregador. A testemunha apenas trabalhou com o reclamante no ano de 2008, e não comprovou tratamento desrespeitoso, agressivo ou humilhante em relação ao reclamante. Portanto, não houve prova do assédio moral. A cobrança de metas, por si só, inclusive com a estipulação de ranking, não causa lesão de ordem moral. No mesmo sentido, a Súmula n. 42 do TRT da 1ª Região. VENDA DE FÉRIAS. COAÇÃO. NÃO COMPROVADA. A testemunha trabalhou com o reclamante em ano diferente daquele em que supostamente houve a coação. Ademais, o reclamante vendeu férias em outros anos, não alegando a coação.

TST – RECURSO DE REVISTA RR 17893720125090002 (TST)

Data de publicação: 26.06.2015

Ementa: RECURSO DE REVISTA. PROCESSO SOB A ÉGIDE DA LEI N. 13.015/2014. FRACIONAMENTO DAS FÉRIAS COLETIVAS. No tocante à concessão de férias coletivas de forma parcelada, embora prescinda de motivo excepcional, mister que o empregador comunique ao órgão local do Ministério do Trabalho e Emprego, com a antecedência mínima de 15 dias, os períodos de concessão e indique os estabelecimentos ou setores atingidos pela medida, bem como aos sindicatos profissionais e, ainda, terá que afixar avisos nos locais de trabalho. As referidas normas se inserem entre as relativas à saúde e à segurança do trabalhador, sendo, assim, direito indisponível, excetuando-se apenas a possibilidade de conversão de 1/3 do período em abono pecuniário. Diante da indisponibilidade do direito, não há como reconhecer a licitude do fracionamento das férias quando não atendidos concomitantemente os referidos requisitos legais alusivos à existência de circunstância excepcional, parcelamento em, no máximo, dois períodos não inferiores a dez dias e, na hipótese de férias coletivas, comunicação ao Ministério do Trabalho e Emprego e ao sindicato de classe. Assim, do contexto fático-probatório delineado no acórdão regional, insuscetível de reexame nesta fase processual, nos termos da Súmula n. 126 do TST, e considerando a indisponibilidade do direito às férias, não se há como reconhecer que a inobservância dos requisitos legais para fracionamento constitua mera infração administrativa. Recurso de revista conhecido e não provido.

TST – RECURSO DE REVISTA RR 490620125040383 (TST)

Data de publicação: 31.03.2015

Ementa: FRACIONAMENTO DAS FÉRIAS. PERÍODO NÃO INFERIOR A DEZ DIAS. PREVISÃO EM NORMA COLETIVA. NÃO DEMONSTRAÇÃO DE SITUAÇÃO EXCEPCIONAL. PAGAMENTO EM DOBRO. Na hipótese dos autos, é incontroverso que a reclamante usufruiu as férias, de forma fracionada, em dois períodos não inferiores a dez dias, no prazo legal de concessão, e há previsão para esse fracionamento em norma coletiva. Entretanto, a empresa não demonstrou a necessidade da excepcionalidade do fracionamento das férias, como estabelece o artigo 134, § 1º, da CLT. Nessas circunstâncias, a jurisprudência desta Corte entende que é irregular o fracionamento das férias, na medida em que desrespeita a finalidade da legislação que é assegurar a recomposição física e mental do trabalhador. Portanto, o descumprimento do disposto no artigo 134, § 1º, da CLT, ou seja, a ausência de situação que justifique a excepcionalidade do fracionamento das férias, implica o recebimento pelo trabalhador das férias em dobro, nos termos do artigo 137 da CLT (Precedentes). Recurso de revista conhecido e provido.

TST – RECURSO DE REVISTA RR 6671520125030015 667-15.2012.5.03.0015 (TST)

Data de publicação: 22.11.2013

Ementa: FRACIONAMENTO DAS FÉRIAS EM PERÍODO NÃO INFERIOR A DEZ DIAS. PREVISÃO EM NORMA COLETIVA. A controvérsia dos autos, em síntese, é se o fracionamento das férias, em períodos não inferiores a dez dias, com previsão em norma coletiva, acarreta o pagamento do período respectivo de forma dobrada. O apelo da reclamada está amparado em divergência jurisprudencial inespecífica, nos termos da Súmula n. 296, item I, do TST, pois não traz, como pressuposto fático essencial ao confronto de teses, a existência de norma coletiva que prevê o fracionamento das férias. Também não há falar em violação literal dos artigos 134 e 137 da CLT, uma vez que esses dispositivos se destinam a outras discussões (concessão e pagamento das férias na forma da lei), e não à validade de norma coletiva que autoriza o fracionamento das férias. No caso, seria necessário interpretar a controvérsia à luz do artigo 7º, inciso XXVI, da Constituição Federal, que garante o reconhecimento de convenções e acordos coletivos de trabalho. Por fim, esclareça-se que a invocação genérica de afronta ao princípio da legalidade (artigo 5º, inciso II, da Constituição Federal) em fase recursal extraordinária, na linha da jurisprudência do Supremo Tribunal Federal, configura apenas violação reflexa ao texto constitucional, tendo em vista que, para sua constatação, seria necessário o exame da legislação infraconstitucional pertinente ao caso. Recurso de revista não conhecido.

TST - RECURSO DE REVISTA RR 4050083200650403834 0500-83.2006.5.04.0383 (TST)

Data de publicação: 04.09.2009

Ementa: RECURSO DE REVISTA - FRACIONAMENTO DE FÉRIAS - PAGAMENTO EM DOBRO. Está correto o acórdão regional, que determinou o pagamento, em dobro, das férias irregularmente fracionadas. Precedentes. INTERVALO INTR A JORNADA - REDUÇÃO MEDIANTE NORMA COLETIVA - IMPOSSIBILIDADE A teor da Orientação Jurisprudencial n. 342 da C. SBDI-1, é inválida a norma coletiva que contempla a supressão ou redução do intervalo intrajornada, haja vista que este constitui medida de higiene, saúde e segurança do trabalho, garantido por norma de ordem pública (artigos 71 da CLT e 7º, XXII, da Constituição da República) e infenso à negociação coletiva. ADICIONAL DE INSALUBRIDADE - UTILIZAÇÃO DE EPI - SÚMULA N. 126 DO TST. O exame das alegações recursais, no sentido de que o equipamento de proteção individual fornecido ao Reclamante neutralizou os efeitos nocivos dos materiais tóxicos com os quais manteve contato, encontra óbice na Súmula n. 126 do TST. HONORÁRIOS ADVOCATÍCIOS - SÚMULAS ns. 219 E 329 DO TST. A Eg. Corte Regional, ao deferir os honorários advocatícios sem observar o requisito da assistência por sindicato, contrariou a iterativa e notória jurisprudência deste Eg. Tribunal Superior, consubstanciada nas Súmulas ns. 219 e 329. PARTICIPAÇÃO NOS LUCROS. O Tribunal de origem manteve a condenação em participação nos lucros, consignando que a Reclamada não se desincumbiu do ônus de comprovar o devido pagamento. Entendimento diverso demandaria o reexame de fatos e provas, procedimento obstado pela Súmula n. 126 do TST. ADICIONAL DE INSALUBRIDADE - BASE DE CÁLCULO - PERÍODO ANTERIOR À PUBLICAÇÃO DA SÚMULA VINCULANTE N. 4 DO E. STF - SALÁRIO MÍNIMO - INAPLICABILIDADE DO SALÁRIO PROFISSIONAL OU PISO SALARIAL 1. Durante o período anterior à publicação da Súmula Vinculante n. 4 do E. Supremo Tribunal Federal (09.05.2008), como no caso vertente, e enquanto perdurar o vácuo legislativo em questão, o adicional de insalubridade deve ser calculado sobre o salário mínimo, conforme estabelecido pela [...].

TST - AGRAVO DE INSTRUMENTO EM RECURSO DE REVISTA AIRR 1343 1343/2005-383-04-40.9 (TST)

Data de publicação: 04.12.2009

Ementa: AGRAVO DE INSTRUMENTO EM RECURSO DE REVISTA. IRREGULARIDADE DO FRACIONAMENTO DAS FÉRIAS. PAGAMENTO EM DOBRO. O artigo 134, § 1º, da CLT autoriza, em casos excepcionais, o fracionamento das férias em dois períodos, um dos quais não poderá ser inferior a dez dias corridos. A concessão de férias sem observar a exigência do referido preceito acarreta prejuízos à recomposição física e mental do trabalhador, pelo que não atende ao escopo da norma. Tem-se, portanto, como não concedidas, atraindo a incidência da sanção prevista no art. 137, § 1º, da CLT, de pagamento em dobro das férias, que tem a finalidade de desencorajar a violação do instituto. Precedentes deste c. Tribunal. Agravo de instrumento a que se nega provimento.

TST - RECURSO DE REVISTA RR 3020062200650403 83 30200-62.2006.5.04.0383 (TST)

Data de publicação: 22.05.2009

Ementa: RECURSO DE REVISTA. IRREGULARIDADE DO FRACIONAMENTO DAS FÉRIAS. PAGAMENTO EM DOBRO. A iterativa jurisprudência desta e. Corte é no sentido de que é devido o pagamento em dobro das férias quando irregular o seu fracionamento. O artigo 134, § 1º, da CLT autoriza, em casos excepcionais, o fracionamento das férias em dois períodos, um dos quais não poderá ser inferior a dez dias corridos. A concessão de férias sem observar a exigência do referido preceito celetista acarreta prejuízos à recomposição física e mental do trabalhador, pelo que não atende ao escopo da norma. Tem-se, portanto, como não concedidas, atraindo a incidência da sanção prevista no art. 137, § 1º, da CLT, de pagamento em dobro das férias, que tem a finalidade de desencorajar a violação do instituto. Precedentes. HORAS EXTRAS. INTERVALO INTRAJORNADA. REDUÇÃO. PREVISÃO EM NORMA COLETIVA. Em relação à ineficácia da cláusula coletiva que prevê a redução do intervalo intrajornada, a decisão recorrida guarda harmonia com a jurisprudência desta Corte Superior, cristalizada na OJ n. 342 da SBDI-1. Idem no que diz respeito ao pagamento do intervalo usufruído nos termos da OJ n. 307 da SBDI-1. O cabimento do Recurso de Revista encontra óbice no art. 896, § 4º, da CLT e na Súmula n. 333 do TST. ADICIONAL DE INSALUBRIDADE. BASE DE CÁLCULO. O eg. TRT da 4ª Região não esclarece se a norma coletiva anterior a 24.08.2004 previa ou não o salário normativo como base de cálculo do adicional de insalubridade. Nesse contexto e não obstante a Súmula Vinculante n. 4 do STF, somente seria possível reformar-se o v. acórdão recorrido mediante exame dos exatos termos da norma coletiva, que criou o salário normativo, procedimento que é vedado neste grau recursal extraordinário pela Súmula n. 126/TST e pela alínea *b* do art. 896 da CLT. HONORÁRIOS ADVOCATÍCIOS. HIPÓTESE DE CABIMENTO NA JUSTIÇA DO TRABALHO. SÚMULA 219, I, DO TST. Na Justiça do Trabalho, a condenação ao pagamento de honorários advocatícios, nunca superiores a 15 [...].

TST - RECURSO DE REVISTA RR 4440014200550403 82 44400-14.2005.5.04.0382 (TST)

Data de publicação: 29.05.2009

Ementa: RECURSO DE REVISTA. IRREGULARIDADE DO FRACIONAMENTO DAS FÉRIAS. PAGAMENTO EM DOBRO. O artigo 134, § 1º, da CLT autoriza, em casos excepcionais, o fracionamento das férias em dois períodos um dos quais não poderá ser inferior a dez dias corridos. A concessão de férias sem observar a exigência do referido preceito acarreta prejuízos à recomposição física e mental do trabalhador, pelo que não atende ao escopo da norma. Tem-se, portanto, como não concedidas, atraindo a incidência da sanção prevista no art. 137, § 1º, da CLT, de pagamento em dobro das férias, que tem a finalidade de desencorajar a violação do instituto. Precedentes. ADICIONAL DE INSALUBRIDADE. HIGIENIZAÇÃO

DE VASOS SANITÁRIOS E LIXO URBANO. GRAU MÁXIMO. APLICAÇÃO DA OJ-04-SBDI-1-TST. A teor da Orientação Jurisprudencial n. 4 da SDI-1 desta Corte: I – Não basta a constatação da insalubridade por meio de laudo pericial para que o empregado tenha direito ao respectivo adicional, sendo necessária a classificação da atividade insalubre na relação oficial elaborada pelo Ministério do Trabalho. II – A limpeza em residências e escritórios e a respectiva coleta de lixo não podem ser consideradas atividades insalubres, ainda que constatadas por laudo pericial, porque não se encontram dentre as classificadas como lixo urbano na Portaria do Ministério do Trabalho. ADICIONAL DE INSALUBRIDADE. BASE DE CÁLCULO. SÚMULA VINCULANTE N. 4 DO EXCELSO STF. SUSPENSÃO LIMINAR DA SÚMULA N. 228 DO TST. DECLARAÇÃO DE INCONSTITUCIONALIDADE SEM DECLARAÇÃO DE NULIDADE. Nos termos de r. despacho do e. Presidente do excelso Pretório, fixando a inteligência do julgamento que ensejou a edição da Súmula Vinculante n. 4, - o adicional de insalubridade deve continuar sendo calculado com base no salário mínimo, enquanto não superada a inconstitucionalidade por meio de lei ou convenção coletiva - (R-6266-DF). Precedentes deste c. Tribunal. AVISO PRÉVIO PROPORCIONAL . Esta e. Corte pacificou entendimento, nos termos da Orientação [...].

TST – RECURSO DE REVISTA RR 5120021200650403 83 51200-21.2006.5.04.0383 (TST)

Data de publicação: 29.05.2009

Ementa: RECURSO DE REVISTA. IRREGULARIDADE DO FRACIONAMENTO DAS FÉRIAS. PAGAMENTO EM DOBRO. A iterativa jurisprudência do Tribunal Superior do Trabalho é no sentido de que é devido o pagamento em dobro das férias quando irregular o seu fracionamento. O artigo 134, § 1º, da CLT autoriza, em casos excepcionais, o fracionamento das férias em dois períodos um dos quais não poderá ser inferior a dez dias corridos. A concessão de férias sem observar a exigência do referido preceito acarreta prejuízos à recomposição física e mental do trabalhador, pelo que não atende ao escopo da norma. Tem-se, portanto, como não concedidas, atraindo a incidência da sanção prevista no art. 137, § 1º, da CLT, de pagamento em dobro das férias, que tem a finalidade de desencorajar a violação do instituto. Precedentes. HORAS *IN ITINERE*. Os fatos apurados revelam incompatibilidade de horário entre o transporte público existente e o horário de trabalho da Reclamante (das 5h 45min até depois das 22 horas). Neste aspecto, a decisão revisanda, ao deferir os 40 minutos diários a título de horas de percurso, com o respectivo adicional, fê-lo em perfeita harmonia com o item II da Súmula n. 90 do TST. Não há violação do art. 7º, XXVI, da CF/88, pois apesar de as convenções e acordos coletivos de trabalho expressarem a vontade das partes em relação à composição dos conflitos existentes entre a categoria profissional e a patronal, estes devem respeitar os direitos mínimos assegurados aos trabalhadores mediante expressa determinação legal, no caso o art. 58, § 2º, da CLT. Incidência da Súmula n. 333 e do art. 896, § 4º, da CLT. Por outro lado, ao deferir o respectivo adicional o Tribunal Regional bem observou o item V da Súmula retrocitada. ADICIONAL DE INSALUBRIDADE. BASE DE CÁLCULO. SÚMULA VINCULANTE N. 4 DO EXCELSO STF. SUSPENSÃO LIMINAR DA SÚMULA N. 228 DO TST. DECLARAÇÃO DE INCONSTITUCIONALIDADE SEM DECLARAÇÃO DE NULIDADE. Nos termos de r. despacho do e. Presidente do excelso Pretório, fixando [...].

TRT-3 – RECURSO ORDINÁRIO TRABALHISTA RO 00475200901603001 0047500-93.2009.5.03.0016 (TRT-3)

Data de publicação: 09.04.2010

Ementa: FRACIONAMENTO DE FÉRIAS – ILEGALIDADE. O fracionamento das férias durante o período aquisitivo é ilegal, quando promovido fora das hipóteses excepcionadas nos parágrafos 1º e 2º do artigo 134 da CLT, ressalvadas as disposições específicas da norma coletiva, que devem ser observadas pela regra do inciso XXVI, artigo 7º, da Constituição Federal.

TST – RECURSO DE REVISTA RR 9360097199950403 82 93600-97.1999.5.04.0382 (TST) Data de publicação: 28.03.2008

Ementa: RECURSO DE REVISTA – FRACIONAMENTO DE FÉRIAS – PAGAMENTO EM DOBRO. Incumbe ao empregador apresentar o motivo do fracionamento das férias – que justifique a excepcionalidade da medida -, sob pena de considerá-las não concedidas, a teor do art. 134, § 1º, c/c 137 da CLT. Por isso, está correto o acórdão regional que determinou o pagamento, em dobro, das férias irregularmente fracionadas. Precedentes. ADICIONAL DE PERICULOSIDADE – ÔNUS DA PROVA. A discussão acerca do ônus da prova é impertinente, visto que a questão foi dirimida com fundamento no conjunto fático-probatório dos autos, considerado suficiente pelo órgão julgador. Recurso de Revista não conhecido.

Decisões do TST sobre Férias

Pirelli vai pagar em dobro férias fracionadas em período inferior a dez dias.

A Terceira Turma do Tribunal Superior do Trabalho não conheceu do recurso da Pirelli Pneus Ltda. (RS) contra condenação ao pagamento de férias em dobro a um auxiliar de produção que as retirou de forma indevida, fracionadamente em períodos inferiores a dez dias. A condenação, imposta pelo Tribunal Regional do Trabalho da 4ª Região (RS), baseou-se no parágrafo primeiro do artigo 134 da CLT, que dispõe sobre a possibilidade de as férias serem concedidas em dois períodos anuais, desde que nenhum deles seja inferior a dez dias corridos, mesmo em se tratando de férias coletivas, como alegou a empresa.

Segundo os documentos contidos no processo, o trabalhador, no período aquisitivo de 2008/2009, gozou férias fracionadas em três períodos, de 17, 10 e três dias. No período seguinte, foram concedidas num único período de sete dias. O Tribunal Regional observou que as férias concedidas em períodos iguais ou superiores a dez dias não são irregulares, mas a concessão em pequenos períodos, inferiores a dez dias, é que "fere o princípio da continuidade do descanso anual", cujo principal objetivo é o de permitir ao trabalhador a recuperação das energias após todo um ano de trabalho.

Para o relator do recurso ao TST, a alegação da empresa de que o fracionamento das férias foi regular porque decorreu de férias coletivas pactuadas em acordo coletivo constitui premissa fática que não foi registrada pelo Tribunal Regional e, portanto, não pode ser reexaminada no TST, nos termos da Súmula n. 126.

A decisão foi por unanimidade.

Processo: RR-1667-25.2010.5.04.0231

Coordenador demitido por justa causa não receberá férias proporcionais.

A Quinta Turma do Tribunal Superior do Trabalho absolveu a Associação Educacional e Assistencial Santa Lúcia e Instituto Maria Imaculada de Mogi Guaçu (SP) de condenação ao pagamento de férias proporcionais a um ex-coordenador de recursos humanos demitido por justa causa. A decisão que reconhecia o direito ao pagamento contrariou a Súmula n. 171, que exclui do empregado dispensado por justa causa o direito às férias proporcionais.

Na reclamação trabalhista, o coordenador informou que foi dispensado por justa causa, em junho de 2010, acusado de se apropriar de dinheiro das instituições. Ele questionou a justa causa e pediu sua reversão em dispensa imotivada, com o pagamento das verbas rescisórias.

O juízo da 15ª Vara do Trabalho de Mogi Guaçu, porém, manteve a penalidade com base nas provas apresentadas pelas instituições e nos depoimentos de testemunhas. Com isso, julgou improcedente o pedido de férias proporcionais, assinalando que a Convenção n. 132 da Organização Internacional do Trabalho (OIT), ratificada pelo Brasil, não confere ao trabalhador dispensado por justa causa o direito às férias proporcionais.

O Tribunal Regional do Trabalho da 15ª Região (Campinas/SP), porém, reformou a sentença e deferiu o pedido, entendendo que a Convenção n. 132 da OIT não faz qualquer exceção para a dispensa por justa causa e, sendo norma mais favorável, se sobreporia ao artigo 146, parágrafo único, da CLT.

A ministra Maria Helena Malmann, relatora do recurso das instituições ao TST, explicou que o artigo 4º da Convenção n. 132 prevê o direito às férias proporcionais, sem dispor a forma da demissão. Em 2004, o TST editou a Súmula n. 171, seguindo o disposto no parágrafo 1º do artigo 146 da CLT. "Ao decidir sobre a aplicação da Convenção n. 132 da OIT, esta Corte tem reiterado o entendimento de que é indevido o pagamento de férias proporcionais quando ocorre dispensa por justa causa", afirmou.

Por unanimidade, a Turma deu provimento ao recurso e restabeleceu a sentença.

Processo: RR-985-51.2012.5.15.0051

Supermercado que repassou atribuições de um gerente em férias feriu o princípio da igualdade.

Por considerar que houve desrespeito ao princípio de igualdade no tratamento de empregados, a Quarta Turma do Tribunal Superior do Trabalho rejeitou recurso de uma empresa do ramo de supermercados, que havia repassado a vários empregados a responsabilidade de um gerente em férias. A WMS Supermercados do Brasil, quando o gerente entrava no período de férias, distribuía as responsabilidades desse supervisor entre outros colegas empregados. Diante disso, um desses empregados requereu o pagamento do salário substituição, em acréscimo ao seu salário, quando fazia o serviço do gerente.

Ao analisar o caso, o Tribunal Regional da 4ª Região (RS) condenou a empresa a pagar diferença salarial pela substituição do gerente nas férias, com reflexos em outras verbas trabalhistas. Contra essa decisão, a WMS Supermercados recorreu ao TST, alegando ser devido o salário substituição somente nos casos em que o empregado substituto tenha exercido integralmente a função realizada pelo substituído. A relatora do recurso na Quarta Turma, ministra Maria de Assis Calsing, observou que a CLT, bem como a Constituição Federal, conferiu ao empregado tratamento isonômico pelo exercício das mesmas atribuições, garantindo, assim, o recebimento de remuneração condizente com as tarefas desempenhas. Com isso, destacou a ministra, a medida adotada pela empresa de dividir as responsabilidades entre os outros funcionários representou uma forma velada de afastar o preceito da isonomia, consubstanciado na Súmula n. 159 do TST, pela qual o empregado substituto faz *jus* à remuneração do substituído.

Por outro lado, Maria de Assis Calsing considerou correta a decisão do TRT, ao deferir o salário substituição de forma proporcional, isso para não prejudicar os outros empregados que substituíram o gerente, buscando-se assim o equilíbrio entre a isonomia, e o não enriquecimento ilícito. Com esses fundamentos, a Quarta Turma negou provimento ao recurso de revista do empregador. (RR-85200-20.2007.04.0025)

Fisk é condenada a pagar horas extras a professora que deu aulas nas férias.

A Segunda Turma do Tribunal Superior do Trabalho (TST) condenou a Fundação Richard Hugh Fisk ao pagamento de horas extras a uma professora de inglês de Curitiba (PR) que ministrou aulas durante as férias escolares. Pela decisão, a professora deverá ser remunerada com o pagamento das horas normais mais o adicional de horas extras, e não apenas do adicional de 50%, conforme decidira o Tribunal Regional do Trabalho da 9ª Região (PR).

De acordo com o processo, a escola de inglês, mesmo oferecendo cursos livres, tinha recesso escolar, pois concedia férias aos alunos do "curso regular". Segundo a Fisk, os professores deveriam participar, nesse período, de cursos de férias para alunos novos e para aqueles que não tinham alcançado a média. Os professores também participavam de *workshops* com objetivo pedagógico.

O trabalho de professores durante as férias escolares é vedado pelo artigo n. 322, parágrafo 2º, da CLT. Com base no artigo, o TRT entendeu que a Fundação Fisk não podia exigir nenhuma atividade nesse período, e, por isso, o tempo trabalhado deveria ser remunerado como hora extra. Ressalvou, porém, que o pagamento devia ser restrito ao adicional de 50%, pois a hora normal já tinha sido quitada.

Ao recorrer ao TST, a professora sustentou que não podia haver limitação da condenação apenas ao adicional de horas extras, "pois nem sequer recebeu o pagamento de forma simples das horas trabalhadas no período de férias escolares".

Na sessão de julgamento, o ministro José Roberto Freire Pimenta observou que a lógica da decisão regional foi a de que a pessoa já havia recebido o salário do período de férias, e, assim, as horas já estariam remuneradas. "Se a pessoa não fizer nada além do trabalho em exames, que é o que se admite, ela vai receber o valor das horas-aula", observou. No caso, porém, a professora "prestou outras horas-aula, para outros alunos, em outros cursos", e que "isso é trabalho a mais".

Seguindo esse entendimento, a Turma votou pelo provimento do recurso para mandar pagar, além do adicional já deferido, também o valor das horas trabalhadas nos períodos de férias. A decisão foi unânime.

Processo: RR-2030400-03.2005.5.09.0651

Volks pagará terço de férias a empregado em licença remunerada.

A Subseção 1 Especializada em Dissídios Individuais (SDI-1) do Tribunal Superior do Trabalho restabeleceu decisão que condenou a Volkswagen do Brasil Indústria de Veículos Automotores Ltda. a pagar a um ex-empregado o terço constitucional sobre a remuneração do período de férias, mesmo estando em gozo de licença remunerada. A decisão foi unânime.

O empregado entrou com a ação para requerer, após adesão a programa de demissão voluntária, o pagamento do terço sobre a remuneração proporcional ao período de férias de fevereiro de 2001 a fevereiro de 2002, além de outras verbas. O juízo de primeiro grau negou o pedido, alegando que o empregado não teria direito ao abono, pois usufruiu, no mesmo período, de licença remunerada de 67 dias.

O Tribunal Regional do Trabalho da 2ª Região (SP) reformou a decisão, com o entendimento de que a perda do direito às férias não retira do trabalhador o direito ao pagamento do terço constitucional, que é parte integrante da remuneração de férias.

A Volkswagen recorreu e a Primeira Turma do TST reviu a decisão. Para a Turma, o empregado não tem direito a férias se, no curso do período aquisitivo, estiver em gozo de licença por mais de 30 dias, recebendo salários, conforme o artigo 133, inciso II, da CLT. Logo, não há que se falar no abono de um terço.

O empregado embargou da decisão e a SDI-1 reformou o acórdão da Turma. Para a Subseção, estar em licença remunerada não significa que o empregado não faz *jus* ao terço constitucional sobre a remuneração proporcional ao período de férias, à qual o empregado teria direito caso não estivesse em licença. Com a decisão, tomada com base no voto do relator, ministro João Oreste Dalazen, a SDI-1 deu provimento aos embargos para restabelecer a decisão do TRT-SP.

Processo: RR-175700-12.2002.5.02.0463 – Fase atual: E-ED

Vendedor receberá em dobro pagamento de férias supostamente concedidas no fim de ano e no Carnaval.

A Primeira Turma do Tribunal Superior do Trabalho manteve decisão que condenou a Acripel Distribuidora Pernambuco Ltda. a pagar férias em dobro para um vendedor. A Justiça não admitiu o recesso de fim de ano e o Carnaval como férias concedidas pela empresa, porque não houve comprovação de pagamento e o período de descanso foi inferior a 30 dias.

O trabalhador relatou que a distribuidora nunca pagou os valores correspondentes às férias coletivas concedidas unicamente durante as festas de fim de ano e Carnaval. Segundo ele, a empregadora, mesmo sem quitar as verbas trabalhistas relacionadas ao descanso, o obrigava a assinar os recibos sob a ameaça de demissão. A Acripel negou as irregularidades e sustentou que o empregado "sempre recebeu regularmente as férias, tendo sempre desfrutado do seu efetivo gozo".

O juízo da 2ª Vara do Trabalho de Olinda (PE), no entanto, entendeu que o recesso não poderia ser considerado como férias, pois a soma dos períodos de folga não ultrapassou 20 dias, em desacordo com o artigo 134, parágrafo 1º, da CLT. "Somente em casos excepcionais, serão as férias concedidas em dois períodos, um dos quais não poderá ser inferior a 10 dias corridos, e a somatória deles deve corresponder a 30 dias", afirmou a sentença.

No recurso ao Tribunal Regional do Trabalho da 6ª Região (PE), a Acripel alegou que o juízo de primeiro grau não observou corretamente as provas produzidas nos autos, de modo que "todas as testemunhas apresentadas em juízo confirmaram a existência de um recesso ao fim do ano e durante o Carnaval". O Regional, porém, manteve a sentença, ao ressaltar que a empresa não comprovou o pagamento do terço de férias, previsto no artigo 7º, inciso XVII, da Constituição Federal.

A distribuidora recorreu ao TST, mas o ministro Hugo Carlos Scheuermann, relator, negou conhecimento ao recurso de revista. "O recurso não está fundamentado, a teor do artigo 896 da CLT, uma vez que a recorrente não aponta violação a dispositivo de lei ou da Constituição Federal, contrariedade a súmula vinculante ou a súmula ou a Orientação Jurisprudencial do TST, tampouco divergência jurisprudencial", disse.

A decisão foi unânime.

Processo: RR – 28000-90.2009.5.06.0102

Ceramista receberá em dobro férias fracionadas em período de menos de dez dias.

A Oitava Turma do Tribunal Superior do Trabalho condenou a Cerâmica Atlas Ltda. ao pagamento em dobro de férias fracionadas irregularmente em períodos inferiores a dez dias. Segundo a Turma, a empresa contrariou o artigo 137 da CLT e o artigo 7º, inciso XVII, da Constituição Federal.

A decisão se deu em recurso de revista de um ceramista que trabalhou para a Atlas, com sede em Tambaú (SP), de 2003 a 2010. Na reclamação, ele afirmou que, em alguns anos, suas férias foram parceladas de forma irregular: em 2009, por exemplo, foram dois períodos – um de 27 dias e outro de apenas três. Em 2010, um dos períodos teria sido de apenas cinco dias.

O juízo da Vara do Trabalho de Porto Ferreira (SP) determinou o pagamento em dobro das férias fracionadas pelos períodos aquisitivos de 2006 a 2009. De acordo com a sentença, o artigo 134 da CLT admite a divisão das férias em dois períodos em casos excepcionais, mas ressalva a impossibilidade de fracionamento em período inferior a dez dias corridos. "Embora aparentemente não traga prejuízos ao empregado, é contrário à CLT", afirmou o juiz.

O Tribunal Regional do Trabalho da 15ª Região (Campinas/SP), porém, proveu recurso da empresa para limitar o pagamento das férias em dobro apenas aos períodos inferiores a dez dias, mantendo-se o pagamento normal nos períodos maiores.

No recurso ao TST, o ceramista insistiu que a concessão de férias de forma irregular, mesmo que um dos períodos seja superior a dez dias, é ineficaz.

O desembargador convocado João Pedro Silvestrin, relator do processo, observou que a empresa não justificou o fracionamento e o fez de forma irregular, "o que equivale a não concessão". Votou, portanto, no sentido de restabelecer a sentença, sendo devido o pagamento em dobro acrescido de 1/3. "A remuneração das férias compreende o acréscimo de 1/3 calculado sobre o salário normal", afirmou. "Assim, a dobra das férias, decorrente do parcelamento irregular, deve incidir sobre sua remuneração total, visto que o terço constitucional não é uma parcela distinta daquela". A decisão foi unânime.

Processo: RR-959-62.2012.5.15.0048

TST confirma que terço constitucional de férias não incide sobre abono pecuniário.

A Subseção I especializada em Dissídios Individuais (SDI-1) do Tribunal Superior do Trabalho negou provimento a embargos interpostos por um empregado da Caixa Econômica Federal que pretendia que o cálculo do abono de um terço de férias incidisse também sobre os dez dias de descanso não gozados e pagos pela empresa (abono pecuniário).

O benefício é garantido pela Constituição da República a todo o trabalhador na época do descanso anual, mas, de acordo com a decisão, o cálculo do terço constitucional deve ser feito somente sobre a remuneração normal de 30 dias, sem a inclusão do período convertido em pecúnia.

O ministro Lelio Bentes Corrêa, relator dos embargos na SDI-1, explicou que, nos termos da Súmula n. 328 do TST, o terço de férias deve ser calculado sobre os 30 dias. "O empregado não tem direito ao pagamento do terço constitucional sobre o abono de que trata o artigo 143 da CLT quando as férias de 30 dias já foram pagas com acréscimo de um terço", destacou.

A decisão da SDI-1 confirmou julgamento anterior da Sétima Turma do TST, que reformou decisão do Tribunal Regional do Trabalho da 7ª Região (CE) favorável à pretensão do empregado. A Turma entendeu que o empregado que converte dez dias de férias em abono pecuniário faz *jus* ao pagamento do valor correspondente ao salário mais um terço, além da remuneração normal dos dez dias trabalhados. "Assim, por exemplo, um empregado com salário de R$ 900,00 vai receber R$ 900 + R$ 300 pelas férias, além da remuneração equivalente a dez dias de trabalho (R$ 300), totalizando R$ 1.500", explicou, na ocasião, o relator do recurso de revista, ministro Alexandre Agra Belmonte.

Ao manter a decisão da Turma, o ministro Lelio Bentes lembrou que o TST, como Corte uniformizadora da jurisprudência trabalhista, a partir da interpretação da norma do artigo 143 da CLT, vem firmando entendimento no sentido de que, uma vez que o terço incida sobre os 30 dias, o pagamento de 1/3 sobre o abono pecuniário resultaria no chamado *bis in idem* – ou seja, duas condenações sobre um mesmo fato.

Num dos precedentes citados pelo relator, o ministro Agra Belmonte esclarece que se o empregado concorda em vender parte das férias, "é lógico que ele não tem direito a mais um terço; se o período de férias é de 30 dias, ele tem direito aos 30 dias correspondentes". Assim, como a Constituição garante o terço sobre a remuneração de férias, "não há como se entender que o abono de que trata o *caput* do artigo 143 da CLT esteja incluído nessa previsão, já que de férias não se trata".

Processo: RR-102-98.2011.5.07.0007

Trabalhador que optou por não receber adiantamento de férias não consegue pagamento em dobro.

A Empresa Brasileira de Correios e Telégrafos (ECT) não terá que pagar em dobro as férias devidas a um agente de Correio que optou por não receber o valor integral das férias de forma antecipada e, depois, ingressou com ação pleiteando indenização por danos morais e pagamento dobrado pelo período de descanso usufruído. Em julgamento realizado nesta quarta-feira (25), a Quarta Turma do Tribunal Superior do Trabalho negou provimento ao agravo do trabalhador, que insistia no pagamento da indenização.

Na reclamação, alegou que a empresa se negou a pagar o adiantamento integral das férias, o que o impossibilitou de usufruir de forma plena do período de descanso. Afirmou que o não pagamento integral o privou de realizar uma viagem ou de ter acesso a programas culturais.

De acordo com o artigo 145 da CLT, o pagamento da remuneração das férias deve ser efetuado até dois dias antes do início do respectivo período, sob pena de pagamento em dobro.

A ECT, no entanto, disse que o acordo coletivo firmado com o sindicato da categoria permite que o empregado opte pela não antecipação e que, ao realizar a programação de férias, ele pode optar pelo abono pecuniário e pela antecipação também da primeira parcela da gratificação de Natal. A empresa apresentou declaração do trabalhador na qual optou por usufruir os 30 dias de férias sem requisitar o adiantamento e comprovou ainda que, na época, pagou os valores referentes à média dos proventos, ao terço das férias e uma gratificação complementar no prazo legal.

Com base nesses elementos, o juízo de origem e o Tribunal Regional do Trabalho da 4ª Região (RS) indeferiram o pedido. Com o seguimento do recurso negado pelo TRT-RS, o trabalhador tentou trazer o caso ao TST via agravo de instrumento, argumentado que o Regional, ao rejeitar o pedido de pagamento em dobro das férias gozadas em época própria, mas sem o pagamento antecipado do salário, afrontou os artigos 1º, incisos III e IV, 6º e 7º, inciso XXVI, da Constituição Federal e contrariou disposições da Súmula n. 450, do TST.

Mas para o relator do agravo, desembargador convocado José Ribamar Oliveira Lima Júnior, o acordo coletivo não suprime direito do trabalhador ao permitir-lhe optar pela percepção ou não do adiantamento de férias previsto no artigo 145 da CLT. Por entender que não houve ofensa a princípios constitucionais ou a súmula do TST, ele negou provimento ao agravo. A decisão foi unânime.

Processo: AIRR – 913-62.2013.5.04.0010

Atendimento eventual a clientes não justifica pagamento em dobro de férias de agrônomo da Bayer.

A Sétima Turma do Tribunal Superior do Trabalho não conheceu de recurso de um ex-agrônomo da Bayer S.A. contra decisão que negou o pagamento em dobro das férias durante as quais ele teria feito contato com clientes da empresa. A mudança de entendimento exigiria o reexame de provas, procedimento inviável nos recursos ao TST (Súmula n. 126).

De acordo com a reclamação, o agrônomo, mesmo em férias, mantinha o computador e o telefone celular corporativo para responder e enviar e-mails e atender ligações de clientes. Por isso, pretendia que o descanso anual fosse considerado como não usufruído e o empregador condenado ao pagamento de 20 dias, acrescidos de 1/3.

Em sua defesa, a Bayer negou que o agrônomo tivesse que realizar tarefas como previsão de vendas e controle de estoque durante as férias, e afirmou que o atendimento eventual de clientes não caracterizaria o não usufruto da folga. Segundo a Bayer, mesmo com a colocação de outro profissional para cobri-lo durante o período, não poderia impedir que ele atendesse os agricultores com quem mantinha relação comercial, que ligavam diretamente para ele por não saberem que estava de férias.

O juízo da 3ª Vara do Trabalho de Joinville entendeu que o ato de verificar os telefonemas e repassar ao substituto já caracterizava violação ao descanso das férias. "Parece pouco provável que um trabalhador que depende de seus resultados pessoais, inclusive para prêmios e PLR, tivesse tanta possibilidade de ignorar o clamor de seus clientes durante as férias", registrou a sentença, que julgou procedente o pedido.

O TRT-PR, no entanto, reformou a sentença destacando os depoimentos de testemunhas que confirmaram a possibilidade de repassar o atendimento para outro colega durante as férias ou de não responder o contato. O acórdão ainda ressaltou que não ficou evidente de que havia orientação ou ordem da empregadora no sentido de que os empregados em férias deveriam fazer atendimentos. "Tal procedimento decorria de deliberação própria do trabalhador, tanto é que podia desligar o celular e o computador ou, no caso de viagem para outra localidade, tinha a opção de deixar os aparelhos em casa", concluiu o Regional.

Na análise do recurso ao TST, o relator, ministro Vieira de Mello Filho, explicou que a decisão do TRT foi fundamentada e consagrada pelo princípio do livre convencimento motivado (artigo 131, do Código de Processo Civil, de 1973). "A decisão está pautada na prova testemunhal produzida nos autos, cujo sopesamento e avaliação consistem em atividades cognitivas em relação às quais o TRT é soberano", disse. "A discussão, nessa senda, refere-se inteiramente à apreciação e valoração da prova, matéria que não pode ser objeto de revisão em sede de recurso de natureza extraordinária", concluiu.

A decisão foi unânime.

Processo: RR-750100-42.2009.5.09.0513

Turma afasta contribuição previdenciária sobre abono de 1/3 de férias.

A Sexta Turma do Tribunal Superior do Trabalho deu provimento parcial a recurso da União para determinar a incidência de contribuição previdenciária apenas sobre as férias efetivamente usufruídas por um vigilante, com exclusão do abono constitucional de 1/3.

Na reclamação trabalhista, o vigilante obteve sentença favorável ao pagamento de reflexos de horas extras sobre diversas parcelas. A União recorreu ao Tribunal Regional do Trabalho da 6ª Região, visando ao recolhimento das contribuições previdenciárias sobre as verbas deferidas em aviso-prévio e férias gozadas mais 1/3, mas o recurso não foi provido. Para o TRT, as parcelas teriam natureza indenizatória, e não salarial.

Ao recorrer ao TST, a União alegou que as férias gozadas e o adicional constitucional de 1/3 têm natureza salarial e, assim, devem compor a base de cálculo da contribuição previdenciária. A decisão do TRT teria assim violado o artigo 28, inciso I, da Lei n. 8.212/1991, que dispõe sobre a seguridade social.

O relator do recurso, ministro Aloysio Corrêa da Veiga, acolheu parcialmente o argumento da União. "O artigo 28, parágrafo 9º, alínea 'd', da Lei n. 8.212/1991 expressamente exclui da base de cálculo da contribuição previdenciária as importâncias recebidas a título de férias indenizadas e o respectivo adicional constitucional, diante da natureza indenizatória das parcelas", observou. "Sendo assim, pode-se facilmente concluir que há incidência de contribuição previdenciária sobre as férias gozadas, sobretudo por se tratar de verba detentora de natureza remuneratória e salarial, que retribui uma prestação de serviços."

Com relação ao terço constitucional, porém, o ministro assinalou que não se poderia utilizar do mesmo raciocínio, pois não se trata de parcela de natureza salarial, e sim indenizatória, "já que não se destina a retribuir serviços prestados nem configura tempo à disposição do empregador". Aloysio Corrêa da Veiga ressaltou que, embora o abono de 1/3 seja verba acessória à remuneração de férias, não se aplica a ele a regra de que a prestação acessória segue a da prestação principal.

O relator acrescentou ainda que a jurisprudência do Supremo Tribunal Federal e do Superior Tribunal de Justiça se firma no sentido de que não há incidência de contribuição previdenciária em parcela indenizatória ou que não se incorpora à remuneração do servidor, como é o caso do terço constitucional de férias.

Processo: RR-388-81.2012.5.06.0003

Vigilante consegue indenização após 10 anos sem férias.

Vigilante que prestava serviço no Banco do Brasil S/A conseguiu indenização por danos morais por ter passado dez anos sem gozar férias. A Sétima Turma do Tribunal Superior do Trabalho acolheu recurso do trabalhador e reestabeleceu a decisão da 2ª Vara do Trabalho de Uberlândia (MG) que condenou a CJF de Vigilância Ltda e o banco, de forma subsidiária, a indenizarem o vigilante.

O trabalhador ingressou na CJF, em 2001, e prestou serviço apenas no Banco do Brasil. Durante dez anos, ele recebeu a remuneração referente às férias, mas continuou realizando suas atividades sem interrupção. No processo, a Vara do Trabalho determinou o pagamento da diferença do valor das férias, que deveriam ter sido remuneradas em dobro, referentes aos últimos cinco anos – período que ainda poderia ter sido pleiteado na Justiça, por causa da prescrição quinquenal.

A Vara condenou ainda as duas empresas a pagar indenização de R$ 10 mil por danos morais. De acordo com o juiz, a ausência das férias abalou a honra subjetiva do vigilante, "privado de usufruir de seus direitos e garantias fundamentais em virtude de conduta abusiva da empresa". Para ele, o direito à saúde, "que atinge a própria dignidade humana, também é afetado, já que o trabalhador não pode restabelecer suas forças para mais um ano de trabalho".

No entanto, o Tribunal Regional do Trabalho da 3ª Região (MG), ao analisar o processo, entendeu que "o fato de a empregadora ter descumprido preceito da legislação trabalhista" não faz concluir, por si só, que o trabalhador tenha sofrido "abalo em seus valores íntimos ou que tenha sido ofendido em sua honra ou dignidade". E retirou a condenação por danos morais.

O vigilante recorreu desse julgamento ao TST. A ministra Delaíde Miranda Arantes, relatora do processo na Sétima Turma, reestabeleceu a indenização por danos morais. Para ela, a atitude da empregadora de não conceder férias por mais de dez anos constitui "ato ilícito", ao colocar em risco a saúde do trabalhador, "configurando-se, ainda, quebra de boa fé contratual".

Processo: RR – 1900-28.2010.5.03.0044

Cuidadora dispensada por usar violência com idoso não tem direito a férias proporcionais.

A Oitava Turma do Tribunal Superior do Trabalho absolveu Danubia Ghiggi da Silva & Cia Ltda. – ME de pagar férias proporcionais mais um terço constitucional a uma cuidadora demitida por justa causa por agir com "excesso de violência" ao tratar de idoso hospedado no estabelecimento. A decisão reformou acórdão do Tribunal Regional do Trabalho da 4ª Região (TRT-RS), que havia julgado procedente o pedido.

De acordo com o Regional, o trabalhador tem direito ao pagamento proporcional ao período não usufruído qualquer que seja a forma de extinção do contrato de trabalho, porque a finalidade das férias é a recomposição física e biológica do empregado. Com base no inciso XVII do artigo 7º da Constituição da República e no artigo 11 da Convenção n. 132 da Organização Internacional do Trabalho (ratificada pelo Brasil por meio do Decreto 3.197/1999), o TRT esclareceu que essa norma é mais favorável ao empregado despedido por justa causa do que aquela prevista no parágrafo único do artigo 146 da CLT.

A empregadora recorreu contra a decisão regional. Ao examinar o processo, o desembargador convocado João Pedro Silvestrin, relator, destacou que o TST já pacificou o entendimento, com a Súmula n. 171, de que a dispensa por justa causa não possibilita o pagamento de férias proporcionais. Com isso, absolveu a empregadora da condenação.

Justa causa.

Contratada em 1.8.12 como cuidadora de idosos no estabelecimento da microempresa, a trabalhadora foi dispensada em 25/9/2012. Os maus tratos, registrados em vídeo e fotos, deram origem a inquérito policial. Na noite anterior à dispensa, o idoso foi contido pela autora e por outra colega, com excesso de força física, e chegou a ser atado ao leito.

A cuidadora foi indiciada por prática do crime previsto no artigo 99 do Estatuto do Idoso (Lei n. 10.741/2003), com base em depoimentos da sócia da empresa e mais quatro testemunhas e no exame de corpo de delito. O inquérito policial concluiu que houve excesso no tratamento dispensado para a contenção da vítima e humilhação psicológica, por deixá-lo com fralda, roupa, lençóis e cobertores encharcados de urina e sujos de sangue por toda a noite. Também não houve justificativa plausível para lesões na mão direita.

A trabalhadora ajuizou reclamação para reverter a justa causa, mas não compareceu à audiência. Por isso, foi aplicada a pena de confissão *ficta*, com a consequente presunção de veracidade dos fatos alegados na contestação. Seu pedido, então, foi julgado improcedente na primeira instância, que entendeu correta a aplicação da justa causa.

Processo: RR - 1276-71.2012.5.04.0305

Crefisa é condenada por obrigar empregada terceirizada a vender dez dias de férias.

A Oitava Turma do Tribunal Superior do Trabalho não conheceu de recurso da Adobe Assessoria Serviços Cadastrais Ltda. e da Crefisa S.A. Crédito Financiamento e Investimento contra decisão que as condenou ao pagamento em dobro dos dias de férias que uma analista de crédito foi obrigada a vender durante o contrato de trabalho. Na mesma decisão, foi mantida a ilicitude da terceirização, pois os serviços prestados estavam diretamente ligados à atividade-fim da Crefisa.

De acordo com a reclamação trabalhista, ajuizada na 22ª Vara do Trabalho de Porto Alegre (RS), a empregada - que prestou serviço à Crefisa de 2007 a 2012 - alegou que os trabalhadores poderiam usufruir apenas 20 dias de férias, pois eram coagidos a solicitar a compra dos dias restantes, sob a ameaça de demissão.

As empresas negaram a prática e afirmaram que a analista nunca foi impedida de gozar dos 30 dias de descanso. Também enfatizaram que o pedido de abono pecuniário foi de iniciativa da própria empregada.

Com base nas provas testemunhais, que confirmaram a conduta ilícita das empresas, o juízo de primeiro grau condenou a prestadora e a tomadora de serviços ao pagamento em dobro das férias de forma integral, acrescidos de 1/3, ressalvando o período 2011/2012, que já havia sido paga junto com as verbas rescisórias. O Tribunal Regional do Trabalho da

4ª Região (RS) manteve a condenação, mas restringiu o pagamento em dobro aos dias obrigatoriamente vendidos.

A Adobe e a Crefisa interpuseram recurso de revista ao TST, alegando que o pagamento em dobro só é devido nos casos em que as férias são pagas fora do prazo, conforme o previsto nos artigos 134 e 137 da CLT.

A ministra Dora Maria da Costa, relatora, manteve a decisão regional, diante do contexto das provas processuais, que não podem ser revistas no TST (Súmula n. 126). No voto, ela ressaltou que a trabalhadora só conseguiu usufruir os 30 dias de férias em uma única oportunidade, quando gozou de licença maternidade em 2008/2009.

A decisão foi unânime.

Processo: RR – 630-37.2012.5.04.0022

Recibo de pagamento de férias de empregado doméstico com abono pecuniário

(Obs: O empregado vende 1/3 das férias – 10 dias).

CÁLCULO PARA FÉRIAS DE 30 DIAS

Empregador: SANDRA REGINA BRAGA SOUTO

Empregado(a): MARIA AUXILIADORA DA SILVA

Período Aquisitivo: 01.05.2016 a 30.04.2017

Período de Gozo: 02.05.2016 a 21.05.2017

DISCRIMINAÇÃO

SALÁRIO – MÊS DE MAIO/2017 R$ 724,00 *

1/3 CONSTITUCIONAL R$ 241,33 **

ABONO PECUNIÁRIO R$ 321,77 ***

VALOR BRUTO R$ 1.287,10

DESCONTOS

INSS (8%) R$ 77,22

LÍQUIDO A RECEBER R$ 1.209,88

Declaro ter recebido o valor acima mencionado em moeda corrente do país.

São Paulo, 08 de novembro de 2017.

____

Assinatura do(a) empregado(a)

____________ ****

Polegar

* Salário referente ao mês das férias (maio de 2014).

** Gratificação de Férias – 1/3 da Constituição Federal.

*** No caso de converter 1/3 das férias em dinheiro.

**** Em caso de não ser alfabetizado.

2

13º SALÁRIO

O 13º salário é devido a todo empregado (Lei n. 4.090, artigo 1º), tanto urbano quanto rural (artigo 7º, *caput*, da Constituição), inclusive a empregada doméstica.

O trabalhador temporário e avulso (artigo 7º, XXXIV, da Carta Magna) também é assegurado. Desta sorte, é devido o 13º salário ao empregado dispensado sem justa causa (Lei n. 4.090, artigo 3º) ou diante do pedido de demissão (Súmula n. 157, do TST), se demitido com justa causa, perde o direito ao percebimento da gratificação natalina (Lei n. 4.090, artigo 3º). Perante culpa recíproca do empregado e do empregador será devido 50% do 13º salário (Súmula n. 14, do TST). Se aposentar também terá direito ao 13º salário. E, por fim, a Lei n. 4.090, artigo 1º, § 3º, declara que gratificação será proporcional:

> I – na extinção dos contratos a prazo, entre estes incluídos os de safra, ainda que a relação de emprego haja findado antes de dezembro; e
>
> II – na cessação da relação de emprego resultante da aposentadoria do trabalhador, ainda que verificada antes de dezembro.

A Lei n. 4.090/1962 instituiu a gratificação de natal e seu valor corresponde a 1/12 (um doze avos) da remuneração devida em dezembro, multiplicado pelos meses de serviço naquele ano. Fração igual ou superior a 15 dias serão consideradas como mês integral, enquanto que as frações inferiores serão desprezadas.

Diante da rescisão contratual anterior ao mês de dezembro o empregado fará *jus* ao percebimento proporcional da referida gratificação e mais 1/12 (um doze avos) do aviso-prévio trabalhado ou indenizado. A primeira parcela do pagamento da gratificação natalina será nos meses de fevereiro e novembro (30/11) de cada ano, que vem a ser um adiantamento, enquanto que a segunda parcela ocorrerá em até 20 de dezembro (Lei n. 4.749, artigo 1º).

Caso o empregado requeira o pagamento da primeira parcela no mês de janeiro, está será realizada junto das férias (Lei n. 4.749, artigo 2º).

Em consonância com a Lei n. 4.749/1965, em seu artigo 3º, ocorrendo a extinção do contrato de trabalho antes do dia 20 de dezembro, o empregador poderá compensar o adiantamento mencionado com a gratificação, e, se não bastar, com outro crédito de natureza trabalhista que possua o respectivo empregado.

O Decreto n. 57.155/1965, artigo 2º, aduz que para os empregados que recebem salário variável, a qualquer título, a gratificação será calculada na base de 1/11 (um onze avos) da soma das importâncias variáveis devidas nos meses trabalhados até novembro de cada ano. A esta gratificação se somará a que corresponder à parte do salário contratual fixo.

No parágrafo único, desse mesmo decreto acima mencionado, salienta que até o dia 10 de janeiro de cada ano, computada a parcela do mês de dezembro, o cálculo da gratificação será revisto para 1/12 (um doze avos) do total devido no ano anterior, processando-se a correção do valor da respectiva gratificação com o pagamento ou compensação das possíveis diferenças.

Frisa-se que o empregador não está obrigado a pagar a primeira parcela do 13º salário a todos os empregados no mesmo mês (Lei n. 4.749, § 1º, artigo 2º).

No caso de afastamento por doença do trabalhador, vale observar, que nos 15 primeiros dias, a parcela ficará a cargo do empregador, e a partir do 16º dia ficará a cargo da Previdência Social.

Insta destacar que em relação ao aviso prévio este integra o contrato de trabalho para todos os efeitos, inclusive na gratificação natalina.

A Lei n. 7.855/1989, artigo 3º, I, dispõe que acarretará a aplicação de multa de 160 BTN, por trabalhador prejudicado, dobrada no caso de reincidência, o não pagamento do 13º salário na época própria.

Vaticina a Súmula n. 148 do TST que é computável a gratificação de Natal para efeito de cálculo da indenização do artigo 477, da CLT.

O 13º salário tem natureza salarial e não pode ser reduzido, salvo acordo ou convenção coletiva de trabalho.

DICAS PRÁTICAS

DÉCIMO TERCEIRO SALÁRIO – PAGAMENTO DA 1ª PARCELA

QUEM TEM DIREITO

Ao pagamento do 13º salário faz *jus* o trabalhador urbano ou rural, o trabalhador avulso e o doméstico.

VALOR A SER PAGO

O valor do adiantamento do 13º salário corresponderá á metade do salário recebido pelo empregado no mês anterior, sendo pago proporcionalmente ao tempo de serviço do empregado prestado ao empregador, considerando-se a fração de 15 dias de trabalho como mês integral.

Dessa forma, se a primeira parcela for paga no mês de novembro, o valor do adiantamento será calculado com base no salário do mês de outubro.

Quando na composição do salário do empregado envolver parte variável, deverá ser calculada a sua média.

DATA DE PAGAMENTO

A primeira parcela do 13º salário deve ser paga de:

- 01/fevereiro a 30/novembro; ou

- por ocasião das férias (se solicitado pelo empregado).

FÉRIAS – ADIANTAMENTO DO 13º SALÁRIO

Para que o empregado faça *jus* ao adiantamento da primeira parcela do 13º salário por ocasião das férias, deverá requerer no mês de janeiro do correspondente ano ao empregador, por escrito.

Após este período, caberá ao empregador a liberação do referido pagamento ao empregado.

RESCISÃO CONTRATUAL

Havendo rescisão contratual, o valor adiantado da primeira parcela (se houver), será compensada com o valor da gratificação devida na rescisão.

HORAS EXTRAS E NOTURNAS

As horas extras integram o 13º salário, conforme se depreende do Enunciado TST 45.

O adicional noturno também integra o 13º salário por força do Enunciado I da Súmula n. 60 do TST.

ADICIONAL DE INSALUBRIDADE E DE PERICULOSIDADE

Os adicionais de insalubridade e de periculosidade integram o pagamento do 13º salário, uma vez que fazem parte da remuneração do empregado.

Estes adicionais, como são percentuais aplicados sobre valores determinados (salário-mínimo ou salário-base, conforme o caso), não se faz média.

SALÁRIO FIXO - CÁLCULOS

Admitidos até 17 de janeiro

Empregados admitidos após 17 de janeiro

Para os empregados admitidos no curso do ano, o adiantamento corresponderá à metade de 1/12 (um doze) avos da remuneração por mês de serviço ou fração igual ou superior a 15 dias.

SALÁRIO VARIÁVEL - CÁLCULOS

Para os empregados que recebem salário variável, a qualquer título, a gratificação será calculada na base da soma das importâncias variáveis devidas nos meses trabalhados até o anterior àquele em que se realizar o adiantamento.

Os empregados que receberem parte fixa terão o respectivo valor somado à parte variável.

AUXÍLIO-DOENÇA PREVIDENCIÁRIO

É o afastamento por motivo de doença ou outra incapacidade não decorrente de acidente do trabalho, estendendo-se o tratamento por mais de 15 dias, com suspensão do contrato de trabalho a partir do 16º dia.

Compete a empresa remunerar o empregado nos 15 (quinze) primeiros dias, assim como é responsável pelo pagamento do 13º salário até o 15º dia do afastamento e posterior retorno.

AUXÍLIO-DOENÇA ACIDENTÁRIO

A Justiça do Trabalho entende que as faltas ou ausências decorrentes de acidente do trabalho não são consideradas para efeito de cálculo da gratificação natalina (13º salário). Este entendimento refletirá apenas no momento do pagamento total do 13º salário.

SALÁRIO-MATERNIDADE

O salário-maternidade pago pela empresa ou equiparada, inclusive a parcela do 13º salário correspondente ao período da licença, poderá ser deduzido quando do pagamento das contribuições sociais previdenciárias devidas, exceto das destinadas a outras entidades e fundos.

PAGAMENTO CONJUNTO DAS DUAS PARCELAS

ENCARGOS SOCIAIS

INSS

Na primeira parcela do 13º salário, não há incidência do INSS.

FGTS

O FGTS incidirá sobre o valor pago, efetivamente, pelo regime de competência, ou seja, se o pagamento da primeira parcela ocorrer em novembro, o FGTS deverá ser recolhido até o prazo legal estabelecido (veja prazo), junto com a folha de pagamento.

IRRF

Sobre a primeira parcela do 13º salário, não há incidência do IRRF.

DÉCIMO TERCEIRO SALÁRIO – 2ª PARCELA

QUEM TEM DIREITO

Ao pagamento do 13º salário faz *jus* o trabalhador urbano ou rural, o trabalhador avulso e o doméstico.

VALOR A SER PAGO

O 13º salário será pago proporcional ao tempo de serviço do empregado na empresa, considerando-se a fração de 15 dias de trabalho como mês integral.

A importância paga ao empregado a título de primeira parcela será deduzida do valor do 13º salário devido até o dia 20 de dezembro.

Quando na composição do salário do empregado envolver parte variável, deverá ser calculada a sua média.

GORJETAS E OUTRAS VERBAS RECEBIDAS PERIODICAMENTE

DATA DE PAGAMENTO

A segunda parcela do 13º salário deve ser paga até o dia 20 de dezembro.

FALTAS - INTERFERÊNCIA NO 13º SALÁRIO

Para fins de pagamento do 13º salário, as faltas legais e as justificadas ao serviço não serão deduzidas.

O empregado não terá direito à fração de 1/12 avos, no mês em que trabalhar menos de 15 dias, ou seja, nos meses com 31, 30 e 28 dias faltar injustificadamente 17, 16 e 14 dias respectivamente, não fará *jus* ao 13º salário no referido mês.

HORAS EXTRAS E NOTURNAS

As horas extras integram o 13º salário, conforme se depreende do Enunciado n. 45 do TST:

O adicional noturno também integra o 13º salário por força dos Enunciados n. 60 do TST:

ADICIONAL DE INSALUBRIDADE E DE PERICULOSIDADE

Os adicionais de insalubridade e de periculosidade integram o pagamento do 13º salário, uma vez que fazem parte da remuneração do empregado.

Estes adicionais, embora sejam percentuais aplicados sobre valores determinados (salário-mínimo/normativo ou salário-base, conforme o caso), ou seja, não precisa ser feito média, há que se verificar a proporcionalidade em relação ao período em que o empregado realmente exerceu atividade insalubre ou periculosa.

→ Para maiores detalhes acesse o tópico Décimo Terceiro Salário – Adicional de Insalubridade e Periculosidade.

SALÁRIO FIXO – CÁLCULOS

Admitidos até 17 de janeiro

Para os empregados admitidos até 17 de janeiro, inclusive, o valor da segunda parcela será do salário do mês de dezembro, deduzido o valor da 1ª (primeira) parcela e os encargos.

Por que 17 de janeiro?

Empregados admitidos após 17 de janeiro

SALÁRIO VARIÁVEL – CÁLCULOS

AUXÍLIO-DOENÇA PREVIDENCIÁRIO

É o afastamento, por motivo de doença ou outra incapacidade, não decorrente de acidente do trabalho, estendendo-se o tratamento por mais de 15 dias, com suspensão do contrato de trabalho a partir do 16º dia.

A partir do 16º dia até o retorno ao trabalho a Previdência Social assume, pagando o 13º salário em forma de abono anual.

AUXÍLIO-DOENÇA ACIDENTÁRIO

A Justiça do Trabalho entende que as faltas ou ausências decorrentes de acidente do trabalho não são consideradas para efeito de cálculo da gratificação natalina (13º salário).

SALÁRIO-MATERNIDADE

O salário-maternidade pago pela empresa ou equiparada, inclusive a parcela do 13º salário correspondente ao período da licença, poderá ser deduzido quando do pagamento das contribuições sociais previdenciárias devidas, exceto das destinadas a outras entidades e fundos.

PAGAMENTO CONJUNTO DAS 2 PARCELAS

A Lei n. 4.749/1965, em seu artigo 2º, impõe o pagamento da 1ª parcela do 13º salário até o mês de novembro.

A Lei n. 7.855/1989 estipulou a multa de 160 UFIR por empregado, dobrada na reincidência para as infrações contra os dispositivos da Gratificação de Natal (13º).

Portanto, para o pagamento conjunto das duas parcelas não há previsão legal.

ENCARGOS SOCIAIS - CONTRIBUIÇÃO PREVIDENCIÁRIA

INSS

No pagamento da segunda parcela há incidência do INSS sobre o valor total do 13º salário.

→ Para maiores detalhes, ver tópico Décimo Terceiro Salário - Desconto e Recolhimento do INSS.

FGTS

O FGTS incidirá sobre o valor bruto do 13º salário pago em dezembro menos o valor adiantado, já que houve o recolhimento do FGTS sobre o valor da 1ª parcela.

IRRF

No pagamento da segunda parcela do 13º salário há incidência do IRRF sobre o total (soma da 1ª parcela + 2ª parcela), com base na tabela progressiva mensal.

Considera-se mês de quitação o mês de pagamento da 2ª parcela ou o mês da rescisão de contrato de trabalho.

PENALIDADES

A infração relativa ao 13º salário será penalizada com multa de 160 UFIR por empregado prejudicado, dobrada na reincidência.

Julgados sobre 13º salário.

TRT-1 - Recurso Ordinário RO 00007224620145010501 RJ (TRT-1)

Data de publicação: 28.03.2016

Ementa: PAGAMENTO DE 13º SALÁRIO. ÔNUS DA PROVA. Alegado pelo município o regular pagamento de 13º salário, competia-lhe provar o fato obstativo ao direito do autor, considerando o seu dever de documentação, o princípio da aptidão para a prova e os termos do art. 464 da CLT. Não tendo se desincumbido deste ônus de forma satisfatória, tem-se como não quitada a parcela. Apelo não provido.

TST – AGRAVO DE INSTRUMENTO EM RECURSO DE REVISTA AIRR 443007220095050194 44300-72.2009.5.05.0194 (TST)

Data de publicação: 21.10.2011

Ementa: AGRAVO DE INSTRUMENTO. HORAS EXTRAORDINÁRIAS – ÔNUS DA PROVA. DIFERENÇA SALARIAL – PAGAMENTO DO 13º SALÁRIO. DESPROVIMENTO. Não demonstrada violação de dispositivo de lei, bem como contrariedade com Súmula do c. TST, não há como admitir o recurso de revista interposto. Agravo de instrumento desprovido.

TRT-4 – Recurso Ordinário RO 00003588420125040461 RS 0000358-84.2012.5.04.0461 (TRT-4)

Data de publicação: 05.07.2013

Ementa: DISPENSA POR JUSTA CAUSA. PAGAMENTO DO 13º SALÁRIO PROPORCIONAL. INDEVIDO. A dispensa por justa causa exime o empregador do pagamento do 13º salário proporcional. Decisão alicerçada na jurisprudência atual e iterativa do Tribunal Superior do Trabalho. Recurso da reclamada provido para absolvê-la da condenação ao pagamento de décimo terceiro salário proporcional do ano de 2012.

Encontrado em: ao pagamento de décimo terceiro salário proporcional do ano de 2012. Valor da condenação que se mantém... do pagamento, em face do benefício da Justiça Gratuita já deferido (fundamentos da sentença.

TJ-RS – Recurso Cível 71005625736 RS (TJ-RS)

Data de publicação: 03.03.2016

Ementa: RECURSO INOMINADO. SEGUNDA TURMA RECURSAL DA FAZENDA PÚBLICA. SECRETÁRIO MUNICIPAL DE ITACURUBI. AÇÃO ORDINÁRIA DE COBRANÇA. PEDIDO DE PAGAMENTO DE 13º SALÁRIO E GRATIFICAÇÃO NATALINA. IMPOSSIBILIDADE. REMUNERAÇÃO NA FORMA DE SUBSÍDIO. AUSÊNCIA DE PREVISÃO LEGAL. SENTENÇA DE IMPROCEDÊNCIA MANTIDA, POR SEUS PRÓPRIOS FUNDAMENTOS. A questão em apreço, cuja pretensão correspondente foi desacolhida na origem, não demanda maiores considerações do que aquelas já alinhadas na sentença recorrida. Veja-se que, inexistindo previsão legal para o pagamento de gratificação natalina ou 13º salário, não há como ser alcançadas tais verbas ao recorrente, porquanto imprescindível prévia regulamentação e previsão legal específica. Sentença mantida na íntegra. RECURSO INOMINADO DESPROVIDO. (Recurso Cível N. 71005625736, Segunda Turma Recursal da Fazenda Pública, Turmas Recursais, Relator: Deborah Coleto Assumpção de Moraes, Julgado em 24.02.2016).

TJ-DF – Agravo Regimental no(a) Mandado de Segurança AGR1 20150020000291 Mandado de Segurança (TJ-DF)

Data de publicação: 10.03.2015

Ementa: AGRAVO REGIMENTAL. MANDADO DE SEGURANÇA. LIMINAR. PAGAMENTO DE 13º SALÁRIO. IMPOSSIBILIDADE. REQUISITOS. AUSÊNCIA. I – A concessão de liminar no mandado de segurança reclama a presença cumulativa dos requisitos da relevância da fundamentação e da possibilidade de ineficácia da medida, resultante do ato impugnado, caso seja indeferida (Lei n. 12.016/2009, art. 7º, III), de maneira que a inexistência de qualquer dos pressupostos a inviabiliza. II – O mandado de segurança não é substitutivo de ação de cobrança (STF, Súmula n. 269). E a concessão de mandado de segurança não produz efeitos patrimoniais em relação a período pretérito, os quais devem ser reclamados administrativamente ou pela via judicial (STF, Súmula n. 271). III – Deu-se provimento ao agravo regimental.

Encontrado em: MANDADO DE SEGURANÇA, PAGAMENTO, DÉCIMO TERCEIRO SALÁRIO, PROVA, EXERCÍCIO, CARGO PÚBLICO

TJ-DF – Agravo Regimental no(a) Mandado de Seguranca AGR1 20150020000029 DF 0000002-76.2015.8.07.0000 (TJ-DF)

Data de publicação: 10.03.2015

Ementa: AGRAVO REGIMENTAL. MANDADO DE SEGURANÇA. LIMINAR. PAGAMENTO DE 13º SALÁRIO. IMPOSSIBILIDADE. REQUISITOS. AUSÊNCIA. I – A concessão de liminar no mandado de segurança reclama a presença cumulativa dos requisitos da relevância da fundamentação e da possibilidade de ineficácia da medida, resultante do ato impugnado, caso seja indeferida (Lei n. 12.016/2009, art. 7º, III), de maneira que a inexistência de qualquer dos pressupostos a inviabiliza. II – Omandado de segurança não é substitutivo de ação de cobrança (STF, Súmula n. 269). E a concessão de mandado de segurança não produz efeitos patrimoniais em relação a período pretérito, os quais devem ser reclamados administrativamente ou pela via judicial (STF, Súmula n. 271). III – Deu-se provimento ao agravo regimental.

TJ-CE – Agravo Regimental AGR 00007304720158060000 CE 0000730-47.2015.8.06.0000 (TJ-CE)

Data de publicação: 09.07.2015

Ementa: PROCESSO CIVIL. AGRAVO REGIMENTAL. SUSPENSÃO DE LIMINAR PELA PRESIDÊNCIA DESTA CORTE DE JUSTIÇA. OFENSA À ORDEM PÚBLICA CONFIGURADA. IMPOSIÇÃO DO PAGAMENTO DE 13º SALÁRIO AOS EMPREGADOS TEMPORÁRIOS CONTRATADOS COM BASE NA LEI MUNICIPAL N. 120/2010. 1. Trata-se de Agravo Regimental contra ato da Presidência deste Tribunal que deferiu pedido suspensivo de liminar, a fim de sustar os efeitos da decisão de primeiro grau que impôs o pagamento de 13º salário para os servidores temporários do Município de Pacajus. 2. A decisão que aprecia, de maneira fundamentada, pedido de suspensão, deve ser revista, em sede de agravo, apenas quando se configurarem os elementos objetivos que evidenciam a necessidade de reforma do ato judicial recorrido. 3. Constitui ofensa à ordem pública, nas modalidades administrativa e econômica, medida precária que concede o pagamento de 13º salário para servidores temporários, em razão de não se ater à necessidade da correspondente fonte de custeio para o suporte da despesa, o que sobrecarrega o sistema financeiro municipal. – Agravo conhecido e desprovido. – Unânime. ACÓRDÃO. Vistos, relatados e discutidos os presentes autos de Agravo Regimental n. 0000730-47.2015.8.06.0000/50000. Acorda o Tribunal de Justiça do Estado do Ceará, por seu Órgão Especial, de forma unânime, em conhecer do recurso, mas para negar-lhe provimento, tudo de conformidade com o voto da Relatora. Fortaleza, MARIA IRACEMA MARTINS DO VALE PRESIDENTE TJCE Procurador(a) de Justiça.

TJ-MG – Apelação Cível AC 10358130029293001 MG (TJ-MG)

Data de publicação: 14.04.2015

Ementa: ADMINISTRATIVO – APELAÇÃO – AÇÃO DE COBRANÇA – MUNICÍPIO DE JOAÍMA – AGENTE POLÍTICO – SECRETÁRIO MUNICIPAL - PAGAMENTO DO 13º SALÁRIO, FÉRIAS E TERÇO CONSTITUCIONAL – AUSÊNCIA DE PREVISÃO EM LEI MUNICIPAL – VERBAS INDEVIDAS – IMPROCEDÊNCIA DO PEDIDO – RECURSO PROVIDO. Nos termos do disposto no art. 39, § 3º da Constituição Federal, a percepção de direitos sociais por agentes políticos é cabível apenas se houver previsão expressa em lei específica, o que não é o caso dos autos. Dar provimento ao recurso.

STJ – RECURSO ESPECIAL REsp 1021986 SP 2008/0003243-9 (STJ)

Data de publicação: 27.04.2009

Ementa: RECURSO ESPECIAL. RESPONSABILIDADE CIVIL. MORTE DE FILHO MENOR EM DECORRÊNCIA DE QUEDA DE COMPOSIÇÃO FÉRREA. INDENIZAÇÃO POR DANOS MORAIS MAJORADA. AUSÊNCIA DE VÍNCULO EMPREGATÍCIO. INDEVIDO O PAGAMENTO DE 13º SALÁRIO. RECURSO ESPECIAL PARCIALMENTE CONHECIDO E PROVIDO. 1. O Tribunal de origem, à luz das prova carreadas aos autos, firmou premissa de que, diferentemente do que usualmente ocorre, a vítima não era transportada como "pingente", tampouco ficou comprovada a clandestinidade de sua presença no trem, o que sugere existência de contrato típico de transporte, além da observância, por parte da vítima, das regras normais de conduta. 2. Com efeito, atentando-se às peculiaridades do caso, em que o acórdão recorrido reconheceu a culpa exclusiva da ré, bem como ao fato de se tratar de vítima de tenra idade – circunstância que exaspera sobremaneira o sofrimento da mãe -, além da sólida capacidade financeira da empresa ré, mostra-se razoável para a compensação do sofrimento experimentado pela genitora, e consentâneo ao escopo pedagógico que deve nortear a condenação, majorar o valor da indenização a R$ 232.500,00, equivalente a 500 salários mínimos, conforme precedentes da Casa. 3. A vítima não possuía qualquer vínculo empregatício, razão pela qual descabe a condenação da ré ao pagamento de 13º salário. 4. Recurso especial parcialmente conhecido, e, na extensão, provido.

TRT-1 – Agravo de Peticao AGVPET 2322001420035010521 RJ (TRT-1)

Data de publicação: 11.12.2012

Ementa: HORAS EXTRAS. REPERCUSSÃO EM GRATIFICAÇÃO NATALINA. MÉDIA FÍSICA DAQUELAS PRESTADAS NOS DOZE MESES ANTERIORES AO PAGAMENTO DO 13º SALÁRIO, INDEPENDENTEMENTE DE RETROAÇÃO AO PERÍODO PRESCRITO. Para apuração da média física das horas extras devem ser computadas aquelas laboradas nos doze meses do respectivo período considerado para o cálculo da repercussão em gratificação natalina, independentemente de retroação ao período declarado prescrito, na medida em que o efeito da prescrição atinge, tão somente, a exigibilidade da pretensão que emana do direito, e não a sua constituição.

TJ-MG – Apelação Cível AC 10024096912647001 MG (TJ-MG)

Data de publicação: 19.02.2014

Ementa: APELAÇÃO CÍVEL – AÇÃO DE COBRANÇA – SERVIDOR NÃO CONCURSADO – CONTRATO ADMINISTRATIVO – VERBAS SALARIAIS – FÉRIAS – AUSÊNCIA DE COMPROVAÇÃO DO PAGAMENTO – DEVIDAS – 13º SALÁRIO – NÃO DEVIDO – PAGAMENTO DEMONSTRADO. – O direito a férias é assegurado, expressamente, aos trabalhadores em geral, conforme artigo 7º da Constituição da República de 1988, bem como aos servidores públicos, (art. 39, § 3º, CR/88), estendendo-se aos servidores contratados, por força do Princípio da Isonomia, figurando-se inconstitucional e ilegal toda e qualquer pactuação colidente. – Mesmo que a relação de trabalho não ocorra de forma regular, este fato não autoriza o trabalho escravo, sem a devida contraprestação remuneratória, sob pena de se agasalhar o enriquecimento ilícito e beneficiar a própria torpeza da Administração Pública Municipal.

TJ-MA – Apelação APL 0579742013 MA 0012407-34.2013.8.10.0000 (TJ-MA)

Data de publicação: 19.03.2014

Ementa: ADMINISTRATIVO. APELAÇÃO CÍVEL. RECLAMATÓRIA TRABALHISTA. AGENTE COMUNITÁRIO DE SAÚDE. CONDENAÇÃO DO MUNICÍPIO AO PAGAMENTO DE 13º SALÁRIO E FÉRIAS. SENTENÇA MANTIDA. APELOS CONHECIDOS E IMPROVIDOS. UNANIMIDADE. 1. A decisão impugnada não merece qualquer reparo, pois o juízo de base valendo-se do livre convencimento motivado após examinar o arcabouço probatório trazido pelas partes entendeu que à 2ª apelante é devido apenas o 13º salário e as férias referentes ao período vindicado na inicial, de forma que devem ser afastados os demais pedidos das partes. 2. No caso dos autos, ante a impossibilidade de retorno ao status quo ante e para evitar o enriquecimento ilícito do Município necessário se faz o pagamento do décimo terceiro salário e das férias, uma vez que tais verbas são pagas a todo e qualquer trabalhador independentemente se o vínculo seja estatutário ou de natureza jurídico-administrativa. 3. Sentença mantida. 4. Apelos conhecidos e improvidos. Unanimidade.

TJ-MG – Ap Cível/Reex Necessário AC 10024110540077001 MG (TJ-MG)

Data de publicação: 04.12.2013

Ementa: APELAÇÃO CÍVEL – AÇÃO DE COBRANÇA – SERVIDOR NÃO CONCURSADO – CONTRATO ADMINISTRATIVO – VERBAS SALARIAIS – FÉRIAS – AUSÊNCIA DE COMPROVAÇÃO DO PAGAMENTO – DEVIDAS – 13º SALÁRIO – NÃO DEVIDO – PAGAMENTO DEMONSTRADO. – O direito a férias é assegurado, expressamente, aos trabalhadores em geral, conforme artigo 7º da Constituição da República de 1988, bem como aos servidores públicos, (art. 39, § 3º, CR/88), estendendo-se aos servidores contratados, por força do Princípio da Isonomia, figurando-se inconstitucional e ilegal toda e qualquer pactuação colidente. – Mesmo que a relação de trabalho não ocorra de forma regular, este fato não autoriza o trabalho escravo, sem a devida contraprestação remuneratória, sob pena de se agasalhar o enriquecimento ilícito e beneficiar a própria torpeza da Administração Pública Municipal.

TJ-RS – Recurso Cível 71004225280 RS (TJ-RS)

Data de publicação: 26.09.2013

Ementa: INDENIZATÓRIA. CONTRATO DE EMPRÉSTIMO VINCULADO AO PAGAMENTO DO 13º SALÁRIO. DÉBITO ANTECIPADO. CANCELAMENTO DO LIMITE DE CHEQUE ESPECIAL. AUSÊNCIA DE PRÉVIA NOTIFICAÇÃO. DANOS MORAIS. *QUANTUM* INDENIZATÓRIO. Tendo o contrato de empréstimo previsto o pagamento com o crédito do 13º salário ou em 01.08.2012, não poderia o banco efetuar o desconto antes de uma dessas condições. Realizando o desconto do valor relativo ao contrato em 05/07, é de ser reconhecido o agir abusivo da instituição financeira, que fez com que o saldo da autora ficasse no negativo. Cancelamento do limite de cheque especial que viola o princípio da confiança recíproca que deve reger as relações contratuais. Dano moral caracterizado, em decorrência da retenção indevida dos proventos da autora, que de uma hora para outra ficou sem os limites de crédito que possuía junto ao banco. Quantum indenizatório fixado em R$ 2.500,00 que se mostra adequado ao caso dos autos, não comportando modificação. Sentença mantida por seus próprios fundamentos. RECURSOS DESPROVIDOS. UNÂNIME. (Recurso Cível N. 71004225280, Primeira Turma Recursal Cível, Turmas Recursais, Relator: Pedro Luiz Pozza, Julgado em 24.09.2013)

TJ-AM – Apelação APL 02103659520108040001 AM 0210365-95.2010.8.04.0001 (TJ-AM)

Data de publicação: 21.07.2015

Ementa: APELAÇÃO CÍVEL. ADMINISTRATIVO. CONTRATAÇÃO CARÁTER TEMPORÁRIO. INOBSERVÂNCIA DA REGRA DO CONCURSO PÚBLICO. CONTRATO NULO. FGTS. POSSIBILIDADE DE CONDENAÇÃO AO PAGAMENTO DO VALOR CORRESPONDENTE. 13º SALÁRIO E FÉRIAS. NÃO CONCESSÃO. FÉRIAS. PAGAMENTO EFETIVADO. 13º SALÁRIO. NÃO COMPROVAÇÃO DO NÃO RECEBIMENTO. PROVA QUE É POSSÍVEL PRODUZIR. RECURSO CONHECIDO E PARCIALMENTE PROVIDO. 1. Estando caracterizada a ilegalidade na contratação, em atenção aos princípios da proteção à boa-fé, vedação ao enriquecimento sem causa, da dignidade da pessoa humana, da valorização do trabalho na ordem econômica-social e da segurança jurídica, o contratado que adimpliu as obrigações que lhe foram impostas pelo vínculo com o Estado tem direito ao pagamento da contraprestação pactuada, bem como aos valores referentes aos depósitos do FGTS (Súmula n. 363 do TST e art. 19-A da Lei n. 8.036/90), 2. No caso, não foi possível o atendimento dos pleitos de pagamento de 13º Salário e férias, posto que, quanto às férias há a comprovação de que a Administração efetivou o pagamento e quanto ao 13º salário o autor/apelante não se desincumbiu do ônus de comprovar o seu não recebimento 3. Recurso conhecido e parcialmente provido.

TJ-BA – Reexame Necessário REEX 00000623120088050265 BA 0000062-31.2008.8.05.0265 (TJ-BA)

Data de publicação: 09.10.2013

Ementa: REMESSA NECESSÁRIA. AÇÃO DE COBRANÇA. ORDINÁRIA. SERVIDORA PÚBLICA MUNICIPAL CONCURSADA. NÃO PAGAMENTO DE 13º SALÁRIO E DE FÉRIAS. SENTENÇA MANTIDA INTEGRALMENTE EM REEXAME NECESSÁRIO. Resta evidente nos autos prova da existência do vinculo laboral entre autora e réu, bem como inexistente qualquer prova do efetivo pagamento das verbas pleiteadas pela autora.

TJ-SP – Apelação APL 00061824020108260361 SP 0006182-40.2010.8.26.0361 (TJ-SP)

Data de publicação: 16.06.2015

Ementa: EMBARGOS À EXECUÇÃO. AÇÃO ACIDENTÁRIA. IMPUGNAÇÃO DO CRÉDITO DO EXEQUENTE SOB A ALEGAÇÃO DE QUE O AUXÍLIO-SUPLEMENTAR NÃO AUTORIZA O PAGAMENTO DE 13º SALÁRIO. CONDENAÇÃO DA VERBA ACESSÓRIA CONTIDA NO TÍTULO EXEQUENDO, NÃO MAIS SENDO POSSÍVEL DISCUTIR, EM SEDE DE EXECUÇÃO, AS RAZÕES PELAS QUAIS O PAGAMENTO

FOI DETERMINADO. Em havendo expressa condenação ao pagamento de 13º salário no título exequendo, inadmissível a discussão a respeito do direito a tal crédito em sede de execução do julgado. PROCESSUAL CIVIL. SENTENÇA PROLATADA NO PROCESSO DE CONHECIMENTO QUE NÃO ATENDEU A TODOS OS PEDIDOS FORMULADOS PELO AUTOR. TRÂNSITO EM JULGADO. PRETENSÃO DE OBTER OS DEMAIS PEDIDOS FORMULADOS NA EXORDIAL. IMPOSSIBILIDADE. Não tendo o autor se insurgido contra a sentença que não atendeu a todas as suas pretensões, permitindo que se operassem os efeitos da coisa julgada, não é possível presumir, em sede de execução de julgado, que tais pedidos teriam sido atendidos tão somente pelo fato de a ação foi julgada procedente. EMBARGOS À EXECUÇÃO. AÇÃO ACIDENTÁRIA. IMPUGNAÇÃO DO CRÉDITO DO EXEQUENTE SOB A ALEGAÇÃO DE QUE OS EFEITOS FINANCEIROS DA SÚMULA N. 260 DO TFR SOMENTE TERIAM CONSEQUÊNCIAS ATÉ O MÊS DE MARÇO DE 1989. RESTRIÇÃO DOS CÁLCULOS DECORRENTES DE DIFERENÇA EM RAZÃO DA APLICAÇÃO DO PRIMEIRO REAJUSTE INTEGRAL SOMENTE ATÉ O MÊS DE ABRIL DE 1989, POIS OS REAJUSTES SEGUINTES PASSARAM A OBSERVAR A EQUIVALÊNCIA SALARIAL, DESVINCULANDO-SE DOS CRITÉRIOS ANTERIORES. Tendo o segurado sido agraciado com sentença que lhe reconheceu, única e exclusivamente, o direito ao recálculo do seu benefício – auxílio-suplementar – somente pode calcular diferenças até abril de 1989, pois a partir de então as diferenças seriam devidas em face de outro critério, qual seja, a equivalência salarial, sem nenhuma relação com a anterior evolução dos reajustes. APELO PROVIDO EM PARTE.

TJ-BA – Reexame Necessário REEX 00004725020118050244 BA 0000472-50.2011.8.05.0244 (TJ-BA)

Data de publicação: 06.08.2013

Ementa: ADMINISTRATIVO E CONSTITUCIONAL. AÇÃO DE COBRANÇA. SERVIDORAS PÚBLICAS MUNICIPAIS. PAGAMENTO DO 13º SALÁRIO UTILIZANDO COMO BASE DE CÁLCULO O SALÁRIO-BASE, AO INVÉS DA REMUNERAÇÃO INTEGRAL DOS SERVIDORES. SENTENÇA JULGANDO PROCEDENTE O PEDIDO DAS AUTORAS. REEXAME NECESSÁRIO. 1. Ação ajuizada por servidoras públicas para a cobrança de gratificação natalina (13º salário), cujo pagamento foi efetivado a menor pelo Município de Senhor do Bonfim, pois foi utilizado como base de cálculo o salário-base, ao invés de utilizar a remuneração integral das requerentes; 2. Da análise dos documentos juntados às fls. 07/66 ficou comprovado que as autoras são servidoras públicas, conforme termo de posse juntado aos autos (fls. 09, 21, 27, 44 e declaração de fl. 58), incumbindo ao Município réu comprovar o pagamento do 13º salário em consonância com o que estabelece o art. 7º, inciso VIII, da CF/88, por se constitui fato negativo do direito das demandantes, o que não foi feito; 3. Registre-se que as autoras carrearam aos autos da ação de cobrança os recibos de pagamento de salários (contracheques) às fls. 11/66, comprovando o quanto afirmaram na exordial, ou seja, que o Município réu sempre efetuou o pagamento do 13º salário utilizando como base de cálculo o salário-base, e não a remuneração total percebida pelas servidoras públicas, não tendo o réu provado fato modificativo do direito dos autores; 4. Ademais, não há o que ser reformado na sentença no ponto em que reconheceu a prescrição quinquenal das parcelas vencidas, na parte que determinou a correção monetária e a incidência de juros de mora sobre as parcelas vencidas, bem como no ponto em que condenou o Município réu ao pagamento de honorários advocatícios, os quais foram fixados em 10% (dez por cento) do valor da condenação, portanto em conformidade com o trabalho desenvolvido no processo. REEXAME NECESSÁRIO CONHECIDO E IMPROVIDO [....].

TJ-MG – Apelação Cível AC 10443130030804001 MG (TJ-MG)

Data de publicação: 24.06.2015

Ementa: APELAÇÃO CÍVEL – AÇÃO DE COBRANÇA – VERBA TRABALHISTAS NÃO PAGA – SERVIDORA EFETIVA DO MUNICÍPIO DE NANUQUE A PARTIR DE 2009 – AUSÊNCIA DE PAGAMENTO DO 13º SALÁRIO NO ANO DE 2008 QUANDO A FUNCIONÁRIA ERA CONTRATADA – ATO DE PRESTAÇÃO DE SERVIÇOS EM CARÁTER TEMPORÁRIO – PROVA DA RELAÇÃO HAVIDA ENTRE AS PARTES PELO PERÍODO DO CONTRATO – ÔNUS DA PROVA DO PAGAMENTO – MUNICÍPIO – PROCEDÊNCIA DO PEDIDO – RECURSO NÃO PROVIDO. – Mesmo que a autora não tenha pleiteado o pagamento na via administrativa, tal fato não obsta a postulação em juízo, objetivando seu cumprimento, sendo certo que, no caso concreto, só o fato de ter o Estado de Minas Gerais se oposto ao pedido formulado pela autora resta caracterizada a resistência que torna necessária a providência jurisdicional. – Tendo a autora comprovado os fatos constitutivos de seu direito, em parte do período pleiteado, é o Município que deve provar o escorreito creditamento da verba remuneratória devida, sob pena de se impor à autora a realização de prova negativa.

TJ-MG – Ap Cível/Reex Necessário AC 10024110662210001 MG (TJ-MG)

Data de publicação: 14.08.2013

Ementa: APELAÇÃO CÍVEL – AÇÃO DE COBRANÇA – SERVIDOR NÃO CONCURSADO – CONTRATO ADMINISTRATIVO – VERBAS SALARIAIS – FÉRIAS – AUSÊNCIA DE COMPROVAÇÃO DO PAGAMENTO – DEVIDAS – 13º SALÁRIO – NÃO DEVIDO – PAGAMENTO DEMONSTRADO. – O direito a férias é assegurado, expressamente, aos trabalhadores em geral, conforme artigo 7º da Constituição da República de 1988, bem como aos servidores públicos, (art. 39, § 3º, CR/88), estendendo-se aos servidores contratados, por força do Princípio da Isonomia, figurando-se inconstitucional e ilegal toda e qualquer pactuação colidente. – Mesmo que a relação de trabalho não ocorra de forma regular, este fato não autoriza o trabalho escravo, sem a devida contraprestação remuneratória, sob pena de se agasalhar o enriquecimento ilícito e beneficiar a própria torpeza da Administração Pública Municipal.

Recibo de pagamento do 13º salário com desconto da antecipação de 50% do 13º salário

Empregador: José Oliveira

Empregado: Maria da Silva

13º Salário do ano de 2014.

13º SALÁRIO R$ 874,75

DESCONTOS:

ANTECIPAÇÃO DE 50% DO 13º SAL. R$ 437,37

INSS (8,0%) R$ 69,98

TOTAL LÍQUIDO R$ 367,40

Declaro ter recebido a importância líquida discriminada neste recibo, conforme demonstrativo acima, em moeda corrente do país.

São Paulo, 08 de novembro de 2017.

ASSINATURA DA EMPREGADA

CTPS n. 123456

_______________ *

Polegar

* Em caso de ser analfabeto.

REFERÊNCIAS BIBLIOGRÁFICAS

BRASIL. *Consolidação das Leis do Trabalho*. 2017.

CASSAR, Vólia Bomfim. *Direito do Trabalho*. Niterói: Impetus, 2010.

DELGADO, Mauricio Godinho. *Curso de Direito do Trabalho*. São Paulo: LTr, 2012.

MAGANO, Octavio Bueno. *Manual de Direito do Trabalho*. 2. ed. São Paulo: LTr, 1987.

MANUS, Pedro Paulo Teixeira. *Direito do Trabalho*. São Paulo: Atlas, 2011.

NASCIMENTO, Amauri Mascaro. *Iniciação ao Direito do Trabalho*. São Paulo: LTr, 2012.

SÜSSEKIND, Arnaldo; MARANHÃO, Délio; VIANNA, Segadas. *Instituições de Direito do Trabalho*. São Paulo: LTr, 2005. v. 1 e 2.

SCHIAVI, Mauro. *Manual de Direito Processual do Trabalho*. 3. ed. São Paulo: LTr, 2012.